Hans Stolp

SINNVOLL LEBEN – GLÜCKLICH LIEBEN
Einfache Wege aus dem Beziehungs-Chaos

Hans Stolp

Sinnvoll leben
– glücklich lieben

Einfache Wege aus dem Beziehungs-Chaos

AQUAMARIN

ISBN 978-3-89427-466-5

Titel der holländischen Originalausgabe:

Relaties een straf of een zegen?

© 2007 Verlag Ankh-Hermes bv – Deventer

1. Auflage 2008

© der deutschen Ausgabe:

Aquamarin Verlag GmbH

Voglherd 1 • D-85567 Grafing

www.aquamarin-verlag.de

Aus dem Holländischen von Andrea Fischer

Umschlaggestaltung: Annette Wagner

Druck: Bercker • Kevelaer

Inhalt

Die Bedeutung von Beziehungen

Der Wert einer Beziehung ergibt sich aufgrund der Lektionen, die man in dieser gelernt hat. Daher können auch Beziehungen, in welchen Sie viel Kummer und Schmerz erfahren haben, für Sie von hohem Wert sein.

Einführung

Was sind eigentlich Beziehungen?

Für jeden Menschen sind es ständig Herausforderungen – Beziehungen. Niemand lebt ganz allein für sich, auf einer Insel. Wir stehen immer in Kontakt mit anderen Menschen oder wir leben in Verbindung mit anderen Menschen – mit der Friseuse oder dem Friseur, mit der Kassiererin vom Supermarkt oder mit unseren Arbeitskollegen. Darüber hinaus haben wir aber auch intimere Beziehungen. So fühlen wir uns meist eng mit unseren Eltern, Geschwistern und Kindern und vielleicht auch mit einem Partner verbunden.

Das Wort *Beziehung* bedeutet einfach, in Verbundenheit mit jemandem zu sein. Daher fallen in der Tat alle Menschen, mit welchen wir für kürzere oder längere Zeit etwas zu tun haben, unter diesen Begriff. Mit dem Postboten, der klingelt und ein Päckchen abgeben will, haben wir ebenso eine Beziehung wie mit unserem Sohn, unserer Tochter oder unseren Eltern. Der Polizist bzw. die Politesse, die uns einen Strafzettel aufbrummt, steht mit uns ebenso in Beziehung wie unsere beste Freundin oder unser bester Freund – wobei die Beziehung zu dem Polizisten bzw. der Polizistin hoffentlich nur kurz und die mit unseren Freundinnen und Freunden meist ein Leben lang anhält. Mit allen Menschen, mit welchen wir auf die eine oder andere Weise Kontakt haben, haben wir folglich auch eine Beziehung.

Früher dachte man bei dem Begriff *Beziehung* vor allem an den Menschen, mit dem man in einer engen, dauerhaften Verbindung stand, an seinen Partner also. Diese Verbindung wurde als die einzige *echte Beziehung* betrachtet. Alle anderen Verbindungen, so dachte man damals, hätten eben doch einen untergeordneteren Stellenwert. Zurzeit erkennen wir immer mehr, dass wir, auch wenn wir einen Partner haben, dadurch dennoch nicht abgeschirmt und isoliert von anderen Menschen leben. Wir sind in unserem Leben mit vielen Menschen verbunden, und eine von jenen Personen, mit welchen wir uns am engsten verbunden wissen, ist unser Partner.

Ein Buch über Beziehungen handelt demnach heutzutage auch nicht ausschließlich nur von der Partnerschaft zwischen zwei Menschen, die sich beispielsweise in einer Ehe oder anderen Lebensformen befinden, sondern auch von der Verbindung zu allen Menschen, welchen wir in unserem Leben begegnen. Für all diese Verbindungen gelten dieselben Regeln, in all diesen Beziehungen wirken im Prinzip die gleichen Lebensgesetze und an all diesen Beziehungen können wir wachsen – oder langsam daran zugrundegehen.

Man kann zumindest sagen, dass diese Regeln und Gesetze sich in der Beziehung mit jemandem, mit dem wir zusammenwohnen, natürlich viel direkter, unausweichlicher auswirken als in einer Beziehung mit jemandem, den wir nur ab und zu sehen. Aber selbst dann noch gilt, dass man in all diesen Beziehungen, in den oberflächlichen und in den intensiven, die gleichen Muster erkennen kann. Verhält man sich beispielsweise abhängig von seinem Partner, so tut man dies sehr wahrscheinlich auch gegenüber anderen Menschen. Können Sie Ihrem Partner nicht zuhören, dann können Sie dies auch nicht bei anderen Menschen – und daher begegnen Ihnen in all diesen Beziehungen die gleichen Probleme, und Sie empfinden dabei den gleichen Unfrieden im Herzen.

Beziehungen erfordern Verletzlichkeit

Man kann in Beziehungen inspiriert werden, man kann sich darin geborgen fühlen und Wärme erfahren, doch man kann darin auch im Herzen zutiefst verletzt werden. Manchmal erfahren Sie die Verbindung zu einem anderen Menschen als Geschenk, doch ein andermal können Sie dieselbe Beziehung als etwas erleben, woran Sie zugrunde zu gehen drohen. So gesehen, kann eine Beziehung sowohl ein Geschenk sein als auch zur Strafe werden. Zwischen diesen beiden Extremen bewegen sich alle Beziehungen. So gibt es beispielsweise ziemlich viele Beziehungen, die wir unterhalten, weil wir uns in gewisser Weise verpflichtet fühlen, sie aufrechtzuerhalten, auch wenn wir keine große Lust dazu haben. Das hat dann freilich zur Folge, dass wir uns in so einer Beziehung nicht so geben, wie wir wirklich sind. Dadurch erhält eine solche Beziehung den Touch von etwas Verpflichtendem und ist wenig inspirierend.

Es gibt so viele Spielarten von Beziehungen, und immer haben sie ihre eigene Färbung und ihre eigene Bedeutung für uns. Doch all diese Beziehungen zusammen – die liebevollen, die schmerzhaften, die verpflichtenden und all die anderen – bilden das Netzwerk, in dem wir leben und durch das wir uns getragen wissen.

Wie ich bereits erwähnt habe, lebt kein Mensch allein, in totaler Isolation. Jeder lebt in Verbindung mit anderen, wenn auch der eine von Natur aus viel mehr Kontakte hat als der andere. Dieses Buch ist folglich ausdrücklich auch für diejenigen bestimmt, die angeblich 'allein' leben: Damit bezeichnen wir jemanden, der keinen festen Lebenspartner hat. In unserer Zeit kommt es übrigens immer häufiger vor, dass wir eine Zeit lang einen festen Partner haben und dann wieder eine Weile nicht. Aber glücklicherweise beginnen wir mehr und mehr zu begreifen, dass unser Lebensglück und unser innerer Friede letztendlich nicht von einem festen Partner abhängen, sondern vielmehr von der Frage, ob wir imstande sind, uns selbst hinzugeben, und daher auch von der Frage, ob wir imstande sind, dem anderen – in welcher Beziehung auch immer – unser Herz zu schenken.

Wenn das stimmt – und ich denke, dass es zutrifft – dann hängt unser Lebensglück von der Frage ab, ob wir imstande sind, im Kontakt mit anderen Menschen Geborgenheit und Wärme zu erfahren und diese dem anderen auch weiterzugeben. Das ist übrigens gar nicht so selbstverständlich: Viele haben heute in ihrem Leben die „Geheimkammer ihres Herzens" mit einer Mauer umgeben und können sich daher nicht so zeigen, wie sie wirklich sind. Oft geben sie vor, ganz offen und spontan zu sein, aber im Grunde sind sie verschlossen und offenbaren niemals wirklich, was in ihrem Herzen vor sich geht. Doch wer sich nicht so geben kann, wie er wirklich ist, wird auch in Beziehungen niemals Wärme erfahren, berührt werden und sich in dieser Bindung sicher und geborgen fühlen. *Wer nicht imstande ist, sich selbst in aller Verletzlichkeit auszuliefern und den anderen auch in die verborgensten Winkel seines*

Herzens einzulassen, wird sich niemals wirklich getragen fühlen.

Es gibt natürlich viele unreife oder 'schräge' Seiten in uns selbst, die auf unsere Beziehungen in irgendeiner Weise vergiftend wirken können. Denken Sie beispielsweise an Folgendes: Wer nur gibt, aber nicht richtig nehmen kann, wird irgendwie immer wieder Menschen anziehen, die eben gerade besonders gern nehmen wollen, aber nicht imstande sind zu geben. Wir bezeichnen solche Beziehungen als „Schlüssel-Schloss-Beziehung", weil die Schwäche des einen präzise zur Schwäche des anderen passt.

Es gibt viele Beziehungen dieser Art, doch sie bewähren sich letztendlich nicht; denn solche einseitigen Beziehungen, in welchen beispielsweise einer immer nur gibt und der andere immer nur nimmt, sind von vornherein zum Scheitern verurteilt und schenken uns kein wahres Glück und keine wahre Lebensfreude.

Erkenntnis ist unverzichtbar

Beziehungen – Strafe oder Segen? Es hängt zu einem nicht unerheblichen Teil von uns selbst ab, ob Beziehungen uns gut tun, uns inspirieren und Wärme schenken oder ob wir sie eher nur als eine Last, ja manchmal sogar als Strafe empfinden. Es ist wichtig, sich wirklich – in aller Verletzlichkeit – dem Lernen hinzugeben; dafür muss man sowohl geben als auch annehmen können. Darüber hinaus muss man auch in der Lage sein, seine eigenen Grenzen zu setzen und zu wahren.

Doch neben all diesen Dingen ist es wichtig, Kritik ertragen zu können. In den meisten Beziehungen kommen gelegentlich heftige Reibereien vor. Wenn diese auftreten, ist es wichtig – weil man sofort immer wieder den Unfrieden anzieht – sich selbst nicht nur zu verteidigen, sondern so offen und frei zu sein, dass man ehrlich über die Frage nachdenken kann, ob in der Kritik des anderen nicht manchmal doch ein Körnchen Wahrheit steckt. Viele Beziehungen gehen letztendlich an diesem Unvermögen, sich selbst ehrlich zu betrachten, zugrunde. Die Betroffenen verteidigen sich nur voreinander und werden so für den anderen unerreichbar. Sie verschließen sich dem Gegenüber, verteidigen sich und verschanzen sich so hinter einer uneinnehmbaren Verteidigungslinie. Doch wo dies geschieht, stirbt eine Beziehung.

So gibt es natürlich noch viel mehr in uns selbst zu entdecken, das sich hemmend oder anregend auf unsere Beziehungen auswirkt. Die Fragen, die meist noch auftauchen, sobald man über dieses Thema nachdenkt, sind folgende:

- Wie kann man an sich selbst so arbeiten, dass man in seinen Beziehungen mit anderen Menschen inspirierend, verlässlich und glaubwürdig ist?
- Wie kann man lernen, die eigenen Grenzen zu wahren, so dass man in Beziehungen nicht ausgenützt und missbraucht wird?
- Wie kann man so an sich selbst arbeiten, dass man in Beziehungen zu einem Quell der Freude wird – für sich selbst und den anderen?
- Wie kann man erkennen, dass altes, unverarbeitetes Leid zwischen einem selbst und dem anderen steht?

- Wie kann man so an sich selbst arbeiten, dass Beziehungen zum Segen und nicht zur Strafe werden?

Um auf alle diese Fragen eine sinnvolle Antwort finden zu können, ist es wichtig, Erkenntnisse darüber zu gewinnen, was Beziehungen eigentlich sind und warum Beziehungen in unserer Zeit so auffallend anders sind als früher.

Es ist außerdem wichtig zu entdecken, welche Gesetzmäßigkeiten Beziehungen zugrunde liegen. Wenn Sie nämlich besagte Erkenntnis erworben haben und diese Gesetzmäßigkeiten kennen, können Sie viel zielgerichteter an der Verbesserung der Atmosphäre in Ihren Beziehungen arbeiten. Sie können dann lernen, wie Sie möglichst viel an Lebensfreude daraus schöpfen können. Sie können gezielt versuchen vorzubeugen, damit Ihre Beziehungen nicht zu einer Strafe werden. Wer sich auf diese Weise ans Werk macht und bereit ist, an sich selbst zu arbeiten, erhält dadurch auch – allmählich – eine sinnvolle Beziehung zu sich selbst. *Ich denke, dass ich durchaus behaupten darf, dass nur derjenige, der eine gute Beziehung zu sich selbst hat, zu einer guten Beziehung mit einem anderen Menschen imstande ist. Der Anfang liegt folglich bei uns selbst:* „Liebe deinen Nächsten wie dich selbst."

Beziehungen – Strafe oder Geschenk

Beziehungen können, wie wir festgestellt haben, ein Geschenk sein. Sie können darin wachsen. Sie können sich darin mit Ihrer Liebe verlieren, und Sie können sich darin sicher und geliebt fühlen. Doch Beziehungen können auch zu einer echten

Strafe werden; dann nämlich, wenn man einander in einer Beziehung fortwährend herabsetzt sowie Schaden und Schmerz zufügt. In solchen Beziehungen geschieht es oft, dass man sein ganzes Selbstvertrauen verliert. Das bedeutet im Grunde, dass Sie sich selbst verlieren – und das ist das Schlimmste, was einem Menschen geschehen kann. Oft kostet es nach der Beendigung einer solchen Beziehung eine ganze Reihe von Jahren, bevor man wieder genügend Selbstvertrauen gewonnen hat, um glücklich und entspannt leben zu können. Doch nicht nur die andauernde Unterminierung des Selbstvertrauens kann eine Beziehung zur Hölle machen. Sie kann auch zur Strafe werden, wenn man sich in ihr nicht respektiert fühlt und dauernd das Gefühl hat, im eigentlichen, tiefsten Wesenskern nicht erkannt zu werden. Zieht man alle diese Aspekte in Betracht, so wird deutlich, dass Beziehungen uns sehr glücklich machen, uns ebenso gut aber auch im tiefsten Inneren unseres Herzens verletzen können. Alle unsere Beziehungen bewegen sich zwischen diesen beiden Polen. *Nirgendwo sonst, außer in Beziehungen, kann man so glücklich sein – aber nirgendwo sonst kann man auch so tief verletzt werden.*

Wenn dies alles stimmt, ist es ganz wichtig, über das „Wie" und „Was" von Beziehungen nachzudenken. Menschen, die uns auf diesem Weg wachsender Erkenntnis vorangegangen sind und gelernt haben, sich ganz bewusst in Beziehungen zu bewegen und diese mit offenen Augen zu betrachten, berichten, dass Erkenntnis wirklich funktioniert. Sie kann Ihnen helfen, in Beziehungen glücklicher zu werden. Sie kann Ihnen auch helfen, wenn es Ihnen nicht gelingt, die Abwärtsspirale in einer Beziehung zu durchbrechen und Sie daher die Beziehung beenden müssen, allmählich zu verstehen, warum Sie diesen Schritt gehen mussten und was Sie aus dieser negativen Erfahrung zu lernen haben, so dass Sie nicht in Verbitterung verharren.

Beziehungen als Spiegel

Beziehungen erweisen sich außerdem, wenn man richtig damit umgeht, als Spiegel, in dem man sich selbst erkennen kann. Auf diese Weise kann man im üblichen Alltagsleben im Umgang mit anderen Menschen geistig wachsen und zur Selbsterkenntnis gelangen. Doch dann muss man zu dieser – nicht immer ganz angenehmen – Selbsterkenntnis auch bereit sein. Andere Menschen halten uns nämlich wie in einem Spiegel die verschiedenen Facetten unseres Wesens und die Charakterzüge, derer wir uns noch nicht bewusst sind, vor Augen. Wir müssen den Mut aufbringen, dem ins Auge zu blicken, was der andere uns spiegelt. Nahezu immer ist das Spiegelbild nämlich weniger angenehm und weniger schön als das, was wir als Bild – als Idealbild oder Traumbild – von uns selbst in Gedanken hatten. Doch wer diesen Mut aufbringt, kann gerade in Beziehungen ein enormes geistiges Wachstum durchleben. So gesehen sind Beziehungen ein großes Geschenk – vielleicht manchmal ein lästiges Geschenk, doch zugleich auch das kostbarste Geschenk, das uns auf Erden gegeben wird.

Beziehungen als Lebensschule

Beziehungen sind folglich ein stetes Wachsen. Vielleicht ist das Allerwichtigste, was Sie auf dieser Schule des Lebens lernen können, die Bezähmung Ihres Egos. In einer Beziehung muss man nämlich lernen, aufeinander Rücksicht zu nehmen. Man muss manchmal den Wünschen des Partners Vorrang vor den eigenen Wünschen einräumen. Man muss lernen, zu geben und zu nehmen. Man muss lernen, Opfer zu bringen und es manchmal wagen, der Unbedeutendere zu sein. Das sind alles Dinge, die unser Ego von Natur aus nicht besonders schätzt, weil unser Ego nur sich selbst im Mittelpunkt des Interesses sehen will. Doch je mehr Sie in diesen oft so ganz verschiedenen Beziehungen im Leben lernen, auf andere Rücksicht zu nehmen, desto mehr lernen Sie, Ihr Ego zu bezähmen – und desto besser erlangen Sie auch die Meisterschaft über Ihr Ego.

Es gibt auch Menschen, die in einer Beziehung genau das Gegenteil lernen müssen. Damit meine ich Menschen, die vor allem Rücksicht auf andere nehmen und nicht auf sich selbst schauen. Es sind die Menschen, die es niemals gelernt haben, Aufmerksamkeit für sich selbst einzufordern und sich selbst oft auch nicht für wertvoll genug halten. Diese Menschen müssen folglich erkennen, in einer Beziehung nicht nur dem anderen zu dienen. Sie müssen lernen, Aufmerksamkeit für sich einzufordern, um auf diese Weise zu wachsen und ein gesundes Gleichgewicht zu erlangen, so dass sowohl Raum für die eigenen Sehnsüchte als auch für die des anderen ist.

Also geht es in Beziehungen um Folgendes: Es dreht sich darum, ein gesundes Gleichgewicht zwischen Aufmerksamkeit für die anderen und Aufmerksamkeit für sich selbst zu erlangen. Nun befindet sich niemand von uns auf jener Ebene wirklich im Gleichgewicht: Wir neigen stets dazu, von einem Extrem ins andere zu verfallen und folglich zu viel oder zu wenig Aufmerksamkeit für uns selbst zu fordern. Alles in allem haben wir die Tendenz, zu wenig Rücksicht für den anderen aufzubringen oder dem anderen zu viel Zuwendung entgegenzubringen. Wer sich selbst kennt und weiß, zu welchem Extrem er neigt, der weiß damit auch sofort, woran er in seinen Beziehungen arbeiten muss, um mehr ins Gleichgewicht zu kommen.

Beziehungen als Kanal für die Liebe

Beziehungen sind der vollkommene Kanal für die Liebe. Nirgendwo sonst kann man so sehr an Liebeskraft wachsen wie in Beziehungen. Nirgendwo sonst kann man sich so gemocht und geliebt fühlen wie in Beziehungen. Nirgendwo sonst kann man so aufblühen und man selbst werden. Nirgendwo sonst kann man in sich selbst so verwurzelt werden, dass man dadurch einen Hauch vom Geheimnis des Lebens erahnt; und nirgendwo sonst kann man etwas so deutlich von der Liebe spüren, die in der geistigen Welt lebt und herrscht. Beziehungen sind folglich auch ein Übungsfeld, um sich dieser geistigen Liebe bewusst zu werden und den Abglanz davon im eigenen Leben aufzunehmen und an den Nächsten weiterzugeben.

Wo Liebe ist, wird das Leben Licht.
Liebe leuchtet im Leben auf wie eine Kerzenflamme in der dunklen Nacht.
Liebe macht uns leichtfüßig, glücklich und lässt uns erstrahlen.
Wer sie ausstrahlt, ist eine Freude für andere
Und bringt andere ganz automatisch zu sich selbst.

Liebe – aneinander erleben wir ihr Geheimnis.
Aneinander wachsen wir in Liebe. Denn um Liebe zu bekommen
Und Liebe geben zu können, brauchen wir einander.

Liebe: Sie ist der Sinn und die Erfüllung aller Beziehungen.

Wahre Liebe

Wenn wahre Liebe der Antrieb ist,
Sucht man in Beziehungen das Beste für den anderen.
Wenn man keine wahre Liebe kennt,
Sucht man in Beziehungen nur das Beste für sich selbst.

I. Der Zusammenhang zwischen Beziehungen und unseren Chakras

Beziehung im Zeichen des Steiß-Chakras

In den siebziger Jahren des letzten Jahrhunderts wohnte ich in einem kleinen Dorf bei Utrecht. Dort erzählten mir ältere Menschen ab und zu ihre Lebensgeschichte. Aus diesen Geschichten habe ich viel gelernt. Nachdem ich gut zuhörte, was mir erzählt wurde, fiel mir auf, dass einige der älteren Ehepaare im Dorf einander auf seltsame Weise ansprachen. Wenn der Mann über seine Frau sprach, nannte er sie nur bei ihrem Nachnamen, und zwar bei seinem eigenen Nachnamen: Frau Soundso. Die Frau nannte ihren Mann nur bei seinem Nachnamen, wenn sie etwas über ihn erzählte. Es schien, als ob sie über einen Fremden sprachen, und nicht über ihren eigenen Mann oder ihre eigene Frau. Es klang ganz distanziert. Dies überraschte mich in hohem Maße, weil ich niemals zuvor ein Ehepaar auf diese Weise übereinander – und miteinander – hatte sprechen hören.

Zu jener Zeit erzählte mir auch eine ältere Frau aus dem Dorf über das Leben ihrer eigenen Großmutter. Diese Geschichte faszinierte mich, und daher habe ich sie niemals vergessen. Sie erzählte nämlich, dass ihre Großmutter viermal verheiratet war und insgesamt mehr als zwanzig Kinder hatte. Sie erzählte, wie es dazu gekommen war:

Als ihre Großmutter gerade einmal zwei Jahre verheiratet war, aber in der Zeit schon zwei Kinder bekommen hatte, verstarb ihr Mann. Nun konnte eine Frau allein, ohne Mann, in jener Zeit nicht überleben und noch weniger für ihre Kinder sorgen. Der Mann sorgte ja für das Einkommen und nicht die Frau. Folglich blieb ihr nichts anderes übrig, als so bald wie möglich einen neuen Mann zu suchen. Sie heiratete Hals über Kopf einen Witwer, der auch zwei Kinder hatte. Da hatten sie zusammen vier. Mit diesem Witwer bekam sie vier Kinder, bevor auch er plötzlich starb. Sie blieb also allein mit acht Kindern zurück.

Wieder blieb ihr nichts anderes übrig, als sich daraufhin so bald wie möglich auf die Suche nach einem neuen Mann zu machen, wenn sie überleben und für ihre Kinder sorgen wollte. Ganz schnell fand sie wieder einen – erneut einen Witwer. Dieser war mit sieben Kindern zurückgeblieben und auf der Suche nach einer Frau, die es auf sich nehmen konnte, für seine Kinder zu sorgen. So hatten sie zusammen schon fünfzehn Kinder. Mit diesem Witwer bekam sie noch drei Kinder, bevor er nach einer Kräfte zehrenden Krankheit verstarb. Sie blieb also mit achtzehn Kindern zurück.

Wieder blieb ihr nichts anderes übrig, als auf die Suche nach einem neuen Mann zu gehen, und wieder fand sie einen Witwer – dieses Mal einen Witwer, der nur drei Kinder hatte. Gemeinsam hatten sie nun also einundzwanzig Kinder. Außerdem bekam sie mit diesem Mann noch zwei Kinder, so dass sich die Zahl der Kinder auf dreiundzwanzig belief. Doch als auch dieser Mann ganz jung verstarb, brachten die ältesten Kinder inzwischen genügend Geld herein. Von diesem Geld konnte die ganze Familie leben, wenn auch mit Mühe. Daher musste Großmutter nicht wieder heiraten. Sie blieb ihr ganzes weiteres Leben lang allein, war aber all diese Jahre über der Mittelpunkt einer gigantischen Familie.

Diese Geschichte lässt uns einen Blick auf die Ehe werfen, wie sie vor einigen Generationen noch tatsächlich durchlebt wurde. In jener Zeit stand alles nur im Zeichen des Überlebens – eine Situation, die wir uns kaum mehr vorstellen können. Großmutter heiratete nicht aus Liebe, sondern einfach, um überleben und für ihre Kinder sorgen zu können. Ihre Beziehungen zu ihren Ehepartnern, die einander folgten, standen denn auch, wie man es nennt, im Zeichen des untersten oder ersten Chakras – des Steißbein-Chakras oder Wurzel-Chakras. Das ist das Chakra der Erdkraft, des Überlebens und des wirtschaftlichen Nutzens. In Beziehungen kannte man damals noch kaum Kameradschaftlichkeit, Zärtlichkeit oder Intimität, wie wir dies in unserer heutigen Zeit kennen und in Beziehungen selbstverständlich finden. Darum nannte diese alte Frau aus dem Dorf bei Utrecht in den siebziger Jahren ihren Mann auch bei seinem Nachnamen – einfach, weil ihre Beziehung noch nicht von dieser Form von Intimität gekennzeichnet war, wie wir sie kennen. Im Grunde war die Beziehung mit ihrem Mann eher eine sachlich begründete Verbindung.

Beziehungen im Zeichen des Sakral-Chakras

Erst nach dem Zweiten Weltkrieg, nach 1945 also, begannen die großen Veränderungen auf dem Gebiet der Beziehungen. Das konnte vor allem geschehen, weil erst in dieser Zeit Verhütungsmittel in großem Stil eingesetzt und langsam – gegen den Widerstand der Kirchen, und da vor allem dem der Römisch-Katholischen Kirche – selbstverständlich wurden. Laut dem, was ich aus den Erzählungen meiner eigenen Eltern und von anderen erfahren habe, waren Verhütungsmittel in der Zeit vor dem Zweiten Weltkrieg noch mehr oder weniger Tabu für den gewöhnlichen Menschen. Es gab sie zwar, doch nur in aufgeklärten Kreisen setzte man diese Mittel ohne jegliche Gewissensbisse ein. In den meisten kirchlichen Kreisen wurden Verhütungsmittel in der Vorkriegszeit als Sünde betrachtet, mit der man sich auf Gottes Thron setzte, um selbst zu bestimmen, wie viele Kinder man haben wollte, anstatt dies Gott zu überlassen.

Bis weit nach dem Zweiten Weltkrieg waren Großfamilien in römisch-katholischen, reformierten und anderen Kirchenkreisen denn auch selbstverständlich. Der Pfarrer kam regelmäßig in den (katholischen) Familien zu Besuch und wollte dabei wissen, ob die Frau denn wieder schwanger sei, denn das Zeugen von Kindern war ja die größte und allerwichtigste Aufgabe der Ehe. Wir können uns kaum mehr hineindenken, wie sich die Frauen dieser Generation gefühlt haben müssen, wenn sie sechzehn oder siebzehn Mal schwanger waren – und das war eher die Regel als die Ausnahme.

Dank der Einführung der Verhütungsmittel und deren zunehmenden Einsatzes konnte die Sexualität nach dem Zweiten

Weltkrieg endlich befreit werden. Bis dahin führte Sexualität ja häufig zu einer Schwangerschaft – eine Bedrohung, welche die Intimität störte und einen entspannten Genuss von Sinnlichkeit unmöglich machte. Außerdem war, gemäß der Katholischen Kirche, das Zeugen von Kindern der einzige Sinn und Zweck von Sexualität. Andernfalls verstieß es gegen das Gebot Gottes, denn es war eine Verschwendung von Samen und daher Sünde. Dies alles machte Sexualität zu einem ziemlich negativ besetzten Ereignis.

Doch nach dem Zweiten Weltkrieg, als es Verhütungsmittel gab und die Menschen sich den Normen und dem Druck der Kirchen allmählich entzogen, konnten sie endlich lernen, die Sexualität zu genießen, ohne dabei Angst vor einer neuen Schwangerschaft haben zu müssen oder davor, in die Hölle zu kommen. Dadurch erhielt die sexuelle Intimität von jener Zeit an einen immer höheren Stellenwert in der Beziehung zwischen Mann und Frau.

Wir erkennen daran, dass Beziehungen in jener Zeit im Zeichen des zweiten Chakras (von unten), im Zeichen des Sakral-Chakras, standen. Das Sakral-Chakra sitzt auf der Höhe unseres Geschlechtsorganes in unserem geistigen Körper. Es ist das Chakra, das im Zeichen von Bindung und Sexualität steht. Die befreiende Sexualität trat nun in den Dienst der Verbindung zwischen beiden Partnern und ermöglichte dadurch eine zunehmende Intimität. Damit brach die zweite Phase einer Entwicklung an, die dazu führte, dass Beziehungen einen ganz anderen, neuen Inhalt bekamen.

Beziehungen im Zeichen des Milz-Chakras

Seit den sechziger Jahren des letzten Jahrhunderts standen die Beziehungen durch die großen Veränderungen, die in dieser Zeit auf der geistigen Ebene stattfanden, mehr und mehr im Zeichen von Kameradschaft: Die beiden Partner in einer Beziehung brauchten einander als Lebenskameraden. Wie kam es diesmal zum Wachstum und zur Veränderung der Beziehungen?

In den sechziger Jahren machte die Jugend – Studenten und Provos voran – Aufstand gegen die Obrigkeit. Vor allem gegen jene Obrigkeit, die von oben, ohne irgendeine Möglichkeit des Einspruchs, allerlei Druck ausübte. Immer mehr Autoritäten stürzten seit jener Zeit von ihrem Sockel. Ihre Macht schien haltlos, da sie auf äußerlichen Werten und auf Macht basierten, und nicht auf einer natürlichen Autorität von innen. Die Jugend von damals wollte sich nicht mehr automatisch der Autorität beugen, mit der sich jemand schmückte, sondern sie suchte das Herz des anderen oder dessen natürliche Autorität.

Nachträglich sehen wir, dass dieser Aufstand stattfinden konnte, weil die Menschen langsam mündiger wurden und lernten, mehr und mehr für sich selbst einzutreten und daher nicht mehr imstande waren, unvermittelt jedem zu gehorchen, der über ihnen stand – sie taten das nur noch, wenn jemand sie wirklich überzeugen konnte.

Die Entwicklung, die damals begann, reicht bis in unsere Zeit hinein. Noch immer akzeptieren wir in der Tat nur die Obrigkeiten, die uns aufgrund einer natürlichen Autorität dazu bringen, auf sie zu hören. Die Obrigkeit, die dazu nicht imstande ist, kann besser gleich aufgeben – niemand hört auf sie. In unserer heutigen Zeit finden wir diese Lebenseinstellung selbstverständlich, doch in der Tat ist sie ziemlich neu, denn sie ist erst in den sechziger Jahren des letzten Jahrhunderts entstanden.

Diese andere, neue Lebenseinstellung fand natürlich auch ihren Niederschlag in den zwischenmenschlichen Beziehungen. Die Menschen suchten darin immer mehr den Kontakt mit dem Herzen des anderen, sie suchten den anderen als verlässlichen Kameraden und Gesprächspartner. Insbesondere in der Ehe und in Freundschaften hielten sie seitdem Ausschau nach einem Kameraden, einem 'Kumpel', um verschiedenste Gefühle, wie Freude und Kummer sowie alle möglichen anderen emotionalen Erfahrungen, austauschen und miteinander teilen zu können – und dies auf der Basis von Gleichberechtigung. Die sechziger Jahre brachten auch das zunehmende Verlangen nach Gleichberechtigung in Beziehungen. Daher bedeutete die neue Lebenseinstellung, die in jenen Jahren geboren wurde, einen starken Impuls für die Emanzipation der Frau. Ungleichbehandlung und Machtstrukturen waren in Beziehungen – und folglich auch in der Ehe – nicht mehr selbstverständlich.

Es war diese Veränderung, die dafür sorgte, dass Beziehungen seit jener Zeit immer mehr im Zeichen des dritten Chakras, des Milz-Chakras oder Solarplexus, standen. Dieses Chakra hilft uns bekanntlich, verschiedene Lebenserfahrungen zu verarbeiten und diverse Abfallstoffe in unserem Körper und unserer Seele zu entsorgen. Nun, da die Menschen einander zum 'Kumpel' geworden waren, lernten sie auch, wie sie einander in diesem Prozess der geistigen Verarbeitung und des Loslassens beistehen konnten.

Diese Entwicklung machte es möglich, dass Menschen in ihrer Beziehung aneinander zu wachsen begannen und aneinander zur Erkenntnis kamen. Nach der Beziehung, bei der die Betonung auf dem wirtschaftlichen Nutzen lag (Steiß- oder Wurzel-Chakra) und nach den Beziehungen mit zunehmender Intimität dank der befreiten Sexualität (Sakral-Chakra) trat die Beziehung nun ins Zeichen des geistigen Wachstums ein. Gemeinsam an den Erfahrungen des Lebens zu wachsen, füreinander ein Spiegel zu sein und einander bei der Verarbeitung von allen möglichen Lebenserfahrungen beizustehen – darauf verlagerte sich jetzt die Betonung. So trat die Beziehung nun in das Zeichen des Milz-Chakras ein.

Die drei K's

Wenn wir jetzt auf diese Entwicklung zurückblicken, wird deutlich, dass im Laufe der Zeit immer höhere Anforderungen an eine Beziehung gestellt wurden. Wir erkennen dabei einerseits die Entwicklung, weg von einer gewissen Distanzierung und hin zu zunehmender Intimität, andererseits lesen wir eine Entwicklung ab, bei der die Abhängigkeit mehr und mehr den Platz für die Gleichberechtigung räumt(e).

Als Illustration für Letzteres dient folgendes Merkmal: In früheren Zeiten sorgte der Mann normalerweise für das Einkommen, die Frau hingegen für den Haushalt und die Kinder. Die 'drei K's' sind inzwischen berühmt-berüchtigt: Die Frau war bestimmt für Kinder, Küche, Kirche. Jenseits davon lag das Hoheitsgebiet des Mannes, auf dem die Frau nichts verloren hatte. Diese beiderseitige materielle Fürsorgepflicht – der

Mann für das Einkommen, die Frau für den Haushalt – ist in kurzer Zeit immer weniger wichtig oder sogar überflüssig geworden. Die Frau hat immer öfter ein eigenes Einkommen, während der Mann neben seiner Arbeit auch die eine oder andere Haushaltspflicht erfüllt. Es ist in unserer Zeit auch viel öfter die Rede von einem geteilten und gemeinsamen Sorgerecht für die äußeren Umstände.

Doch neben dem geteilten Sorgerecht hat die Ehe oder die partnerschaftliche Beziehung auch eine neue Aufgabe erhalten, es geht darum, auf die gegenseitige geistige Entwicklung zu achten und für diese zu sorgen. Diese gegenseitige Verantwortung für das Innenleben des anderen steht in unserer heutigen Zeit immer mehr im Mittelpunkt des Interesses. Betrachten wir alle diese Veränderungen im Überblick, so können wir feststellen, dass sich eine Bewegung von außen nach innen vollzogen hat. Damit meine ich Folgendes: Anfangs ging es in (ehelichen) Beziehungen vor allem um die Sorge für die äußeren Umstände. Der Mann sorgte für das Einkommen und die Frau, wie gesagt, für den Haushalt. Doch die Sorge für diese äußeren Umstände wird heute in viel stärkerem Maße gemeinsam getragen. Falls nötig, können der Mann oder die Frau nach dem Verlust eines Partners auch ohne diesen weiterleben. Die Frau muss folglich nicht mehr neu heiraten, um zu überleben, wie wir es am obigen Beispiel sahen. Doch nun, da diese wechselseitige Abhängigkeit von der materiellen Versorgung durch den anderen weggefallen ist, fällt das Augenmerk in Beziehungen immer mehr auf die Bemühung um gegenseitiges inneres Wachstum und Entwicklung und folglich auf die Möglichkeit, in Beziehungen aneinander und miteinander geistig zu wachsen.

Die Exklusivität des Standes der Ehe geht verloren

Ich habe anfangs festgestellt, dass wir immer höhere Ansprüche an die Ehe – und damit auch an Beziehungen im Allgemeinen – stellen. Das bringt natürlich mit sich, dass Beziehungen viel schneller in die Brüche gehen und beendet werden als früher. War es früher allein der Tod, welcher der Ehe ein Ende setzte, ist es nun viel häufiger eine Scheidung bzw. Trennung, die einer Beziehung ein Ende bereitet. Doch wer erkennt, um wie viel höher die Anforderungen geworden sind, die Beziehungen in unserer heutigen Zeit erfüllen müssen, der kann auch verstehen, warum es in unserer Zeit so viel schneller zu einer Trennung kommt. Nicht nur in der Ehe beobachten wir, dass es immer häufiger zum Bruch kommt, auch in vielen anderen Beziehungen kommen Brüche viel öfter als früher vor – in Freundschaften ebenso wie in vielen familiären Beziehungen. Dies ist die Kehrseite der immer höheren Ansprüche, die an Beziehungen gestellt werden, auch die Kehrseite einer Entwicklung, bei der die Menschen immer mehr auf eigenen Beinen stehen und Freiheit und Selbstständigkeit erlangen.

Es scheint bisher in diesem Kapitel mehr um die Ehe als um Beziehungen im Allgemeinen zu gehen. Das rührt daher, weil die Ehe in früheren Zeiten die Beziehung schlechthin war, die alle anderen Beziehungen in ihrer Bedeutung bei weitem überragte. Sie war einzigartig und mit anderen Beziehungen nicht zu vergleichen. Die Eheschließung wurde in der Katholischen Kirche folglich auch als heiliges Sakrament betrachtet. Alle anderen Beziehungen – außer die zwischen Eltern und Kindern – erhielten in der Kirche und in der kirchlichen Lehre keine

Beachtung oder Anerkennung. Das hat sich in der heutigen Zeit jedoch grundlegend verändert. Die Tatsache, dass wir gegenwärtig nicht einmal mehr wissen, ob zwei Menschen nun miteinander verheiratet sind oder 'nur' zusammenwohnen oder vielleicht gar getrennte Wohnsitze haben, macht diese Veränderung deutlich.

Diese Veränderungen wurden durch mehrere Faktoren möglich:

- Sexualität ist nicht mehr nur in der Ehe möglich: Menschen, die nicht verheiratet sind und nicht zusammenwohnen, haben ebenso ein Bedürfnis nach und ein Anrecht auf Sexualität. Immer mehr Menschen finden eine derartige Entwicklung selbstverständlich – unter der Voraussetzung, dass dies auf eine respektvolle und liebevolle Weise für alle Betroffenen geschieht.
- Die Ehe ist, wie wir gesehen haben, für die Frau auch nicht mehr nötig, um an genügend Einkommen zu kommen, und ebenso wenig für den Mann, um für seine Kinder sorgen zu müssen. Er ist dazu ganz gut selbst imstande, wenn es nötig ist, und braucht dafür nicht per se eine Frau.
- Was wir in einer Ehe oder Partnerschaft immer mehr suchen, nämlich die gegenseitige emotionale Fürsorge, findet auch in anderen Beziehungsformen statt. Auch in Freundschaften tragen wir beispielsweise gegenseitig die Verantwortung für unser Gefühlsleben. Auch in Freundschaften können wir uns aneinander abreagieren und uns gegenseitig aussprechen. Auch in Freundschaften lernen

wir, das Herz auf der Zunge zu tragen und Geheimnisse und andere Intimitäten miteinander zu teilen. Wir erkennen außerdem auch, dass Freundschaften wichtiger werden und hinsichtlich ihrer Bedeutung mehr und mehr den gleichen Stellenwert wie die Ehe erhalten.

- Auch das Bemühen um geistiges Wachstum des anderen ist nicht etwas, was sich nur innerhalb der Ehe vollziehen kann: Auch dies ist in vielen anderen Beziehungsformen ganz gut möglich. Wir beginnen immer mehr, ein inneres Auge für die Lebensaufgabe aller Menschen zu entwickeln, mit welchen wir zu tun haben, und lernen, einander beizustehen und miteinander richtig umzugehen. Wir lernen so immer mehr, auf einander zu schauen, so dass wir mit einem einzigen Blick schon wissen, was eigentlich im anderen vor sich geht. Natürlich sind dies Dinge, die wir in Zukunft noch viel stärker lernen und entwickeln müssen, doch in der heutigen Zeit gehen wir die ersten Schritte zu diesem neuen Umgang miteinander.
- Neben der Ehe sind auch viele andere Formen des Zusammenlebens möglich und immer selbstverständlicher geworden. Nicht nur die Partnerschaft – für Heterosexuelle und Homosexuelle – sondern beispielsweise auch das Zusammenleben mit mehreren Partnern.

Wenn wir alle diese Entwicklungen betrachten, können wir feststellen, dass die Ehe ihre Exklusivität in der Tat längst verloren hat. Dadurch beginnen wir, wie ich in der Einführung bereits erwähnt habe, immer mehr über Beziehungen im Allgemeinen zu sprechen, weil es in all diesen Beziehungen um die gleichen Themen geht: Das gegenseitige Bemühen um geistiges Wachstum und Wohlbefinden des Partners. In allen diesen Beziehungen kommen die gleichen Themen, die gleichen Muster, die gleichen Verantwortlichkeiten und die gleichen Probleme vor. Früher wurde jemand, der nicht verheiratet war, als bedauernswert betrachtet, weil er allein war. Jetzt erkennen wir, dass niemand von uns allein auf dieser Welt lebt – wir sind alle durch ein Netzwerk von Beziehungen miteinander verbunden. Es kommt daher auch nicht von ungefähr, dass der neue Begriff vom Vernetzen in unserer Zeit immer mehr in den Mittelpunkt des Interesses rückt.

Beziehungen im Zeichen des Herz-Chakras

In der heutigen Zeit erleben wir erneut eine Veränderung bei den Beziehungen. Das hängt mit den großen Umwälzungen zusammen, die wir gegenwärtig durchleben. Um es einmal kurz zusammenzufassen: In unserer heutigen Zeit werden wir einen Sprung von unserem Ego zu unserem Höheren Selbst machen, einen geistigen Schritt nach vorne, wobei wir mehr und mehr lernen werden, aus der Liebeskraft unseres Höheren Selbst heraus zu leben, anstelle aus der auf uns selbst ausgerichteten, egozentrischen Kraft unseres Egos. Alle düsteren Lebenserfahrungen, die wir in dieser Zeit, im Großen wie im Kleinen, individuell und in (großen) Gruppen, machen, haben zum Ziel, uns zu diesem Übergang hinzuführen und diesen für uns möglich zu machen. Es sind die Lektionen, die wir benötigen, um fähig zu werden, diesen großen Schritt nach vorn zu tun.

Nun ist unser Ego, wie ich bereits geschrieben habe, ziemlich egoistisch und auf uns selbst ausgerichtet. Unser Höheres Selbst (oder auch der *innere Christus*, die *Buddha-Natur* oder

der *Geist* genannt) hingegen ist mit reiner Liebe auf alles und jeden ausgerichtet – und folglich ebenso sehr auf den anderen wie auf uns selbst. Das Höhere Selbst ist nicht egoistisch, sondern lebt auf der Ebene einer selbstlosen, bedingungslosen Liebe. Wenn es uns gelingt, diesen Übergang von einem Leben auf der Ebene unseres Egos in ein Leben auf der Ebene unseres Höheren Selbst (selbst wenn es noch ein klein wenig abhängig ist) zu verwirklichen, werden wir dadurch als Mensch ein gehöriges Stück Wachstum in Liebe durchleben. Natürlich ist dies ein hartes Stück Arbeit – doch gelingt es, dann hat diese Verwandlung große Folgen für alle unsere Beziehungen.

Die esoterische oder spirituelle Tradition berichtet außerdem davon, dass wir in dieser Zeit erleben werden, wie unsere Beziehungen immer mehr in das Zeichen des vierten Chakras, in das Zeichen des Herz-Chakras, übergehen werden. Genau darum geht es bei dem erwähnten großen Übergang: Zu lernen, aus der Ebene des Herzens heraus zu leben, aus den liebevollen Kräften des Herzens heraus mit anderen umzugehen, mit selbstloser, bedingungsloser Liebe dem anderen bei seinem geistigen Wachstum beizustehen sowie allen, die wir treffen, mit der Liebe unseres Herzens zu begegnen und sie zu tragen. Dazu gehört auch, dass alle unsere Beziehungen immer mehr in das Zeichen des vierten Chakras eintreten werden. Gerade über diesen Schritt zum Herz-Chakra berichtet die esoterische Tradition nun schon so viele Jahrhunderte lang – und er beginnt, in unserer Zeit Wirklichkeit zu werden.

Unlängst las ich in der Zeitung, dass Männer, die Gewalt gegen ihre Frau ausüben, die Gelegenheit erhalten, einen Kurs zur Beherrschung ihrer Aggressionen zu belegen. Die meisten gehen – was recht auffällig ist – freiwillig auf dieses Angebot ein. Ein einziges Beispiel dieser Art macht vieles deutlich, dass nämlich der große Prozess, unser Ego beherrschen zu lernen, längst begonnen hat, wodurch wir lernen, die ersten Schritte auf diesem langen, sehr langen Weg zu tun, auf dem wir lernen werden, nicht mehr aus der Ebene unseres Egos, sondern aus der Ebene unseres Höheren Selbst heraus miteinander umzugehen. Wer lernt, seine Aggressionen zu beherrschen, nimmt gleichsam ein wenig Abstand von sich selbst und lernt, auf sich selbst und die eigene Aggression zu achten. Allein schon der Schritt, beim eigenen Ego auf Distanz zu gehen, bringt uns ein wenig mehr in die Richtung unseres Höheren Selbst.

Natürlich werden wir noch eine Menge Schritte zurücklegen müssen, bevor wir es gelernt haben, in allen unseren Beziehungen wirklich aus der Kraft unseres Höheren Selbst miteinander umzugehen. Doch wer die groben Strukturen überblickt, wie ich sie in diesem Kapitel skizziert habe, kann spüren, dass diese letzte Entwicklung, dieser letzte Schritt nach vorn, sich logisch aus den Entwicklungen ergibt, wie diese bis heute stattgefunden haben. Zu lernen, diesen Schritt zu tun, gerade auch im Privatleben, ist folglich die Aufgabe, die wir freiwillig auf uns genommen haben, als wir beschlossen, wieder zur Erde hinabzusteigen, um eine neue irdische Lebenslektion in Angriff zu nehmen.

Die Veränderungen in Beziehungen als Signal der großen Verwandlung

Es ist faszinierend zu wissen, dass dieser große Übergang in unserer Zeit – der Schritt hin zur wahren Liebe – bereits vor Jahrhunderten in beinahe allen bedeutenden religiösen Traditionen vorausgesagt wurde – von den östlichen wie von den westlichen spirituellen Überlieferungen.[1] Wir werden auf wirklich allen Gebieten des Zusammenlebens eine große Wandlung durchleben. Der erste Ansatz dazu beginnt bereits überall sichtbar zu werden: Bei den Klimaveränderungen, im Aufblühen der Esoterik, bei den Bewusstseinsveränderungen, die wir alle durchmachen, und in vielen anderen Aspekten. In diesem Kapitel sollte vor allem am Thema Beziehungen deutlich werden, wie klar sich der große Übergang bereits zeigt. Außerdem wollte ich andeuten, dass dieser Übergang schon vor langer Zeit vorbereitet worden ist. Die Veränderungen in den Beziehungen haben ja schon seit langem begonnen. Diejenigen, die diesen Prozess bereits die ganze Zeit über in Stille, und vor den Blicken der meisten Menschen verborgen, behütet und begleitet haben, sind – die Engel. Die Engel stehen uns bei, wenn wir unseren eigenen Beitrag zu diesem großen Übergang leisten – den Sprung unseres Egos hinauf zum Höheren Selbst.

Aller Einsatz und alle Aufmerksamkeit, die jeder von uns in Beziehungen investiert, und alle oft schmerzhaften Lebenserfahrungen, die uns helfen, in reiner Liebe füreinander und für uns selbst zu wachsen, machen Sinn, weil sie uns helfen, die Lektion zu lernen, die wir in dieser Zeit ganz besonders lernen dürfen – die Entfaltung unseres wahren Selbst.

◇◇

Selbstwertgefühl

Um nicht zum anderen aufzuschauen und nicht auf den anderen herabzublicken,
Muss man ein gesundes Selbstwertgefühl besitzen.
Denn wer sich selbst erniedrigt, macht den anderen größer,
Als er ist, und setzt ihn auf den Thron.
Selbstwertgefühl ist der Schlüssel, der Zugang
Zu einem Leben in Gleichberechtigung verschafft.

II. Über Nachgiebigkeit und das Brechen von Beziehungen

Die Auswirkung der Energie des Erzengels Michael auf Beziehungen

Wir können die Veränderungen, wie sie sich in den letzten Jahrzehnten auf dem Gebiet der Beziehungen gezeigt haben, auch von einer anderen Seite beleuchten. Unsere Zeit ist nämlich, gemäß der esoterischen Tradition, die Zeit, in welcher der Erzengel Michael die Führung über die Menschheit übernimmt und diese inspiriert. Etwa alle dreihundertfünfzig Jahre, so berichtet die esoterische Tradition, tritt ein anderer Erzengel in den Vordergrund, der dann während dieser Zeitspanne die Menschheit geistig führen und inspirieren darf. Um das Jahr 1900 – im Jahr 1879, um präzise zu sein – trat Erzengel Gabriel zurück, und der Erzengel Michael nahm seinen Platz als führende geistige Kraft des neuen Zeitalters ein. Von dieser Zeit an begannen ganz andere, sehr tiefgreifende Energien auf die Menschheit einzuwirken; denn die Energie von Michael ist eine völlig andere als die des Erzengels Gabriel.[2] Die Energie von Gabriel ist stark auf die Erde und auf die Materie ausgerichtet, während die von Michael vor allem spirituell gefärbt ist und den

Menschen die geistige Welt sehr ins Bewusstsein rückt, wie sie sich unter Gabriel der Erde bewusst geworden waren. Außerdem ist die Energie von Michael eine Energie, die eine große Auswirkung auf alle unsere Beziehungen hat.

In spirituellen und esoterischen Kreisen ist es schon viel länger bekannt, dass unsere Zeit das Zeitalter des Erzengels Michael ist. Ich finde es rundherum faszinierend zu lernen, unsere Zeit von diesem Einwirken Michaels aus zu betrachten und zu begreifen. Wenn man lernt, aus der Perspektive des Erzengels Michael heraus unsere Zeit anzuschauen, wird einem so vieles verständlich – etwa warum unsere Zeit so chaotisch ist und sich so schnell verändert. Warum der Individualismus in unserer Zeit so stark zunimmt, mit allen damit verbundenen Gefahren; oder auch warum sich immer mehr Menschen für Spiritualität interessieren. Außerhalb von spirituellen Kreisen ist dies in der Tat noch nicht sehr bekannt. Doch jeder, auch derjenige, der wenig oder nichts von der esoterischen Tradition weiß, kann die Auswirkungen Michaels auf sein Leben direkt erkennen.[3]

Die Energien des Erzengels Michael üben auch eine starke Auswirkung auf unsere Beziehungen aus. Daher möchte ich in diesem Kapitel seine besonderen Inspirationen, vor allem jene, die sich auf dem Gebiet unserer Beziehungen bemerkbar machen, erläutern. Wenn dies gelingt, werden wir durch diese Erläuterungen mehr über uns selbst, über die schnellen Veränderungen auf diesem Gebiet, über unsere Reaktionen auf andere Menschen und über unsere eigene Lebenseinstellung begreifen.

1. Nicht hinunterschlucken, sondern aussprechen

Zuallererst wirkt die Energie des Erzengel Michael so auf uns ein, dass es immer schwieriger für uns wird, bestimmte Gefühle hinunterzuschlucken und zu verschweigen, anstatt sie geradeheraus auszusprechen. Es scheint, als wühle und arbeite etwas in uns, das uns dazu bringen will, ganz direkt auszusprechen, was in uns vorgeht – die angenehmen, aber natürlich auch die weniger schönen Gefühle. Wenn wir dennoch schweigen und unsere Gefühle unterdrücken, spüren wir meist sofort, dass wir uns damit selbst Gewalt antun – zu schweigen, fühlt sich für uns schlecht an.

Frühere Generationen konnten das noch ganz gut und hielten das oft bis zu ihrem Tod durch: Sie schwiegen beharrlich wie ein Grab über die Dinge, die sie belasteten und für die sie keinen rechten Rat wussten. Die früheren Generationen waren, rückblickend betrachtet, Meister und Meisterinnen im Verdrängen. In unserer heutigen Zeit scheint es hingegen so, als ob wir das Netz der Konflike zu durchdringen vermögen und folglich das Verschweigen der Dinge, die uns schmerzen, zum Großteil überwunden haben.

Diese Veränderung wird verständlich, wenn wir wissen, dass über den Erzengel Michael erzählt wird, dass die Einwirkung seiner Energie dazu führt, das Verborgene ans Licht zu bringen. Seine Energie bewirkt nämlich, dass sowohl im Kleinen als auch im Großen nichts mehr zurückgehalten wird. Aufgrund dieses besonderen Einflusses von Michael ist unsere Zeit eine Epoche, in der viel altes Karma und folglich auch viele alte Gegensätze zwischen den Menschen nach oben kommen, wie beispielsweise der jahrhundertealte Konflikt zwischen den

Islamisten einerseits und den Juden und Christen auf der anderen Seite – ein Konflikt, der noch aus der Zeit von Abraham datiert und sich später, durch die Kreuzzüge, nochmals verschärft hat. Auch der jahrhundertealte Konflikt zwischen den verschiedenen Bevölkerungsgruppen auf dem Balkan sowie der Konflikt zwischen Israel und Palästina weisen darauf hin. Der Erzengel Michael erweckt die alten Gegensätze wieder zum Leben, damit wir nun endlich eine Lösung dafür finden und dieses alte Karma, diesen alten Konflikt, nach so vielen Jahrhunderten endgültig überwinden können.

Für uns persönlich führt dieses besondere Einwirken von Michaels Energie dazu, dass es uns viel schwerer fällt als früheren Generationen, die Dinge hinunterzuschlucken, zu verschweigen und zu verdrängen. Dadurch kommt in unserer Zeit in unserem eigenen Herzen auch viel altes Karma nach oben, zum Beispiel alte, unverarbeitete Konflikte mit anderen Menschen oder unverarbeitete Konflikte in uns selbst. Nun ist die Zeit angebrochen – so bestimmt es der Erzengel Michael – zu lernen, diesen alten Konflikten endlich ins Auge zu blicken, sie auszusprechen und aufzuarbeiten, damit wir eine echte Versöhnung erreichen, anstatt alles unter den Tisch fallen zu lassen oder immer wieder unter den Teppich zu kehren. Das hat ganz konkret zur Folge, dass in der heutigen Zeit viele unverarbeitete Ängste, Aggressionen, Eifersucht und Gefühle der Ohnmacht in unserem Herzen aufsteigen, mit der ausdrücklichen Bestimmung, zu lernen, in diesem Leben einen definitiven Neubeginn zu starten, indem wir manchmal uralte und oft schon sehr lange unterdrückte Emotionen umwandeln und damit aufräumen.

Michael entfacht in uns das starke Verlangen, die Dinge auszusprechen, statt sie zu verschweigen, um auf diese Weise eine innere Reinigung und Verwandlung zu ermöglichen. Nur das, was ans Licht kommt, kann ja heil werden; denn solange diese düsteren Gefühle verborgen bleiben, sind Heilung und Versöhnung nicht möglich.

Dieser innere Drang, uns auszusprechen und nichts mehr zu verschweigen, hat freilich auch so seine Folgen, insbesondere für unsere Beziehungen mit anderen Menschen. Das bedeutet natürlich, dass wir viel schneller Konflikte mit anderen haben, schneller in Streit geraten und schneller als früher mit manchen Menschen in unserem Leben brechen, einfach weil der Konflikt uns gefühlsmäßig endgültig auseinandergetrieben hat. Das bedeutet, dass wir in unserer Zeit lernen müssen, wie wir uns miteinander aussprechen können, ohne sofort in einen Riesenkrach zu geraten oder sogar eine Beziehung zu beenden.

Es scheint folglich so, als wolle der Erzengel Michael uns beibringen, wie wir uns einerseits ehrlich voreinander aussprechen, dabei andererseits aber doch die Beziehung in Ehren halten können. Das tun wir beispielsweise, indem wir dem anderen nichts vorwerfen, auch nicht durch den Ton, in dem wir mit ihm sprechen, sondern indem wir unsere eigenen Gefühle der Enttäuschung, Unsicherheit oder Verletztheit aussprechen. Aber nochmals: Es ist beabsichtigt, dass wir diese Gefühle niemals in Form eines Vorwurfes aussprechen, sondern als etwas, was uns selbst mitbetrifft und uns vielleicht mehr über uns selbst sagt als über den anderen.

Darüber hinaus will Michael uns beibringen, wie wir offen – ohne den anderen gleich anzugreifen, ihm etwas vorzuwerfen oder uns selbst sofort in die Verteidigungsrolle zu begeben – auf die Gefühle des anderen lauschen können. Michael will uns dazu bringen, neben unseren persönlichen Gefühlen von

Verletzlichkeit in unserem Herzen einen offenen Raum zu bewahren, in dem wir unbefangen auf die Gefühle des anderen lauschen können. Das zu erlernen, ist harte Arbeit, die eine gehörige Portion Selbstdisziplin erfordert.

Zusammenfassend können wir Folgendes sagen:

- Der Erzengel Michael bringt uns dazu, alle unsere düsteren Gefühle, wie Gereiztheit, Unverständnis und Zorn, auszusprechen und damit nicht hinter dem Berg zu halten. Wenn wir fortwährend unsere negativen Gefühle verbergen oder verdrängen, verhärten wir und werden nicht nur geistig, sondern letztendlich auch körperlich krank. In unserer Zeit leiden viele an Krankheiten, die mit Verhärtung zu tun haben, wie beispielsweise Krebs. (Achtung: Diese Feststellung ist nicht als Urteil gedacht, nach dem Motto: „Sie haben Krebs, also sind Sie mit der Zeit verhärtet." Urteilen Sie bitte niemals. Doch erlauben Sie es, dass diese Einsichten Ihnen auf dem Weg der Erkenntnis helfen.)
- Wenn wir unsere Gefühle immer mehr verdrängen und verbergen, führt dies letztendlich dazu, dass wir uns dem anderen immer weniger hingeben, weil wir immer mehr auf der Hut sind und uns verletzt fühlen. Dadurch zerstören letztendlich derartige verdrängte Gefühle natürlich die Beziehung.
- Um diesen negativen Folgen der Verdrängung zuvorzukommen, möchte Michael gern, dass wir so etwas wie Konfliktbeherrschung erlernen sowie die Fähigkeit, uns auszusprechen, sobald uns bestimmte Dinge zu 'wurmen'

beginnen. Wenn wir fähig werden, dies auf gute und respektvolle Weise zu tun, bleiben unsere Beziehungen dadurch lebendig und inspirierend.

2. Das Verlangen nach einem Leben in Gleichberechtigung

Der Erzengel Michael weckt in uns auch ein starkes Verlangen nach Gleichberechtigung. Ob wir uns dessen nun bewusst sind oder nicht – den meisten von uns fällt es heutzutage schwer, in einer untergeordneten Position leben zu müssen. Wir ertragen es nicht mehr, in Situationen leben zu müssen, in welchen wir anderen gegenüber nicht gleichberechtigt sind.

Dieses starke Verlangen nach Gleichberechtigung hat unter anderem bewirkt, dass die Emanzipation der Frau in den vergangenen Jahren einen starken Impuls erhalten hat. Dies hat dazu geführt, dass immer mehr Männer und Frauen kündigen und sich selbstständig machen, so dass sie ihr eigener Chef/ ihre eigene Chefin sind und nicht mehr in einer untergeordneten Position leben und arbeiten müssen. Auch das Streben nach gleichen Rechten für jeden, wie sie zwar in der Politik diskutiert, jedoch leider noch lange nicht in die Realität umgesetzt werden, ist eine deutliche Folge dieses Impulses des Erzengels Michael.

Wir müssen, um gleichberechtigt mit anderen leben zu können, über genügend Selbstbewusstsein verfügen. Wer nur ein niedriges Selbstwertgefühl hat, macht sich leicht vom anderen abhängig und setzt den anderen viel zu rasch auf einen Thron, weil er den anderen für wichtiger hält als sich selbst. Wer sich selbst für nicht so wichtig erachtet, verfällt aber ganz schnell in die Rolle des Dieners! Um mit anderen gleichberechtigt auf einer Stufe stehen zu können, müssen wir also an uns selbst arbeiten und für ein gesundes Selbstwertgefühl sorgen. Für viele ist dies bestimmt keine einfache Aufgabe! Auch hier sehen wir, wie schon beim vorhergehenden Punkt, wie Michael uns in unserer Zeit dazu bringt, an uns selbst zu arbeiten und uns keine Chance lässt, in der Opferrolle umherzukriechen.

In den heutigen Beziehungen spielt das Bedürfnis nach Gleichberechtigung dank der Inspiration durch Michael folglich eine große Rolle. Irgendwie ertragen wir es nicht mehr, wenn der andere uns dominiert oder beherrscht. Über kurz oder lang lehnen wir uns auf; und wenn der andere sich seiner Dominanz nicht bewusst wird und nicht vom Thron steigt, wird es unweigerlich auf einen Bruch der Beziehung hinauslaufen. Jeder von uns wird sich daher immer bewusster werden müssen, wie wir die anderen dominieren oder wie wir uns vielmehr von anderen abhängig machen. Wir werden uns auch bewusst machen müssen, in welches Extrem wir leichter verfallen – in das der Dominanz oder das der Abhängigkeit. Niemand hat in unserer Zeit bereits das vollkommene Gleichgewicht zwischen den beiden Kräften von Dominanz und Abhängigkeit erworben. Jedenfalls kennen wir auf diesem Gebiet alle unseren persönlichen Hang zu einer Seite. Wenn wir uns diese Neigung zu einem Extrem bewusst machen, können wir daran arbeiten, diese zu überwinden und dadurch etwas mehr echte Gleichberechtigung in unseren Beziehungen zu erwerben. Jeder, der bewusst daran arbeitet, erfüllt damit den geistigen Auftrag, den Michael uns in dieser besonderen Zeit mit auf den Weg gibt.

3. Ein tiefes Verlangen nach Echtheit

Was die Energie Michaels außerdem in uns bewirkt, ist ein tiefes Verlangen nach Echtheit. Wir ertragen es kaum noch, wenn der andere sich hinter einer Mauer versteckt und sich niemals richtig zeigt. Wir ertragen es kaum noch, dass der andere niemals sagt, was er eigentlich fühlt. Wir vertragen es nicht mehr, wenn der andere sich anders gibt, als er tief in seinem Innersten eigentlich ist, und andere auf diese Weise zum Narren hält.

Was Michael in unserer heutigen Zeit in uns weckt, ist folglich ein Gefühl des innerlichen Unfriedens, wenn wir den anderen niemals wirklich kennen lernen und immer das Gefühl haben, gegen eine Mauer zu laufen. Wir wollen einander, dank Michael, so gern wirklich verstehen lernen – auch und vor allem in all unserer Verletzlichkeit, von Herz zu Herz. Daher ist in modernen Beziehungen die Verletzlichkeit wichtig geworden.

Beziehungen, in welchen sich einer der beiden Partner auf Dauer hinter einer Mauer versteckt und sich selbst mit seinen tatsächlichen Ängsten, Sehnsüchten, Enttäuschungen und seiner Freude niemals wirklich zeigt, sind in unserer Zeit folglich dazu verdammt, letztendlich in die Brüche zu gehen, weil wir es nicht mehr ertragen, dass wir den Partner niemals wirklich kennen lernen, niemals wirklich das Herz des anderen erreichen können und gefühlsmäßig immer gegen eine Mauer laufen.

Nun gibt es gerade in unserer Zeit viele Menschen, die hinter einer Mauer leben. Doch – tragischerweise – durchschauen die meisten das nicht einmal bei sich selbst. Sie durchschauen nicht, dass sie es niemals wagen, sich richtig auszusprechen, weil sie Angst haben, dass sie nicht ernst genommen, sondern ausgelacht oder verletzt werden. Sie durchschauen nicht, wie oft sie im Grunde Theater spielen, weil sie etwas anderes sagen und vorgeben, als sie eigentlich in ihrem Inneren fühlen. Sie durchschauen nicht, dass sie im Grunde niemals sie selbst sind, und sie durchschauen auch nicht, wie sehr sie dadurch andere von sich wegstoßen; denn gefühlsmäßig setzen sie ja alles daran, um den anderen zum Freund zu haben.

An sich ist es leicht verständlich, dass viele Menschen in unserer Zeit so reagieren: Unsere heutige Zeit ist ja eine Zeit der ausgesprochenen Verhärtung. Wenn man nur einen Abend lang unbefangen fern sieht, wird einem deutlich, wie zynisch, plump, hart und mitleidlos wir in unserem Zusammenleben miteinander umgehen. In solch einer Zeit ist es immer schwierig, es zu wagen, gegen den allgemeine Trend verletzlich zu sein. Doch wer dennoch den Mut aufbringt, alte Verhärtungen und alte Mauern aufzubrechen und es wagt, verletzlich zu werden, wird sehen, wie viel Gewinn diese Verletzlichkeit abwirft – den Gewinn echter Geborgenheit, echter Liebe und echter Freundschaft. Nur wenn wir es wagen, verletzlich zu sein, werden wir auch wirklich spüren, wie unsere Bindung zum anderen von Herz zu Herz besteht. Das ist das Schönste, was es gibt, denn das Band von Herz zu Herz ist das einzig wirklich Verlässliche.

4. Brüche in Beziehungen

Der Erzengel Michael wird immer mit dem Schwert als persönlichem Attribut abgebildet. Er tritt mit großer Kraft auf, und diese Kraft ist manchmal sogar vernichtend. Doch in diesem Fall ist es eine Kraft, die vernichtet, um dadurch Raum für etwas Neues zu schaffen. Symbolisch kann man sagen, dass der heilige Michael mit seinem Schwert manchmal auch die Verbindung zwischen Menschen kappt, die einem weiteren geistigen Wachstum der Betroffenen im Weg steht. Manche Beziehungen sind wie ein Gefängnis: Beide Partner halten einander in dieser Beziehung krampfhaft in Strukturen gefangen, die für keinen von beiden gesund sind. Der eine ist beispielsweise hilfsbereit und gibt vor allem, denn das ist er von Natur aus gewohnt, der andere nimmt vor allem und hält sich selbst – eigentlich meist unbewusst – für den Wichtigeren von beiden, denn das ist er von Natur aus gewohnt.

So beginnen ziemlich viele Beziehungen als Ergänzung bestimmter Einseitigkeiten. Der eine ist beispielsweise schüchtern, der andere geht hingegen ganz offen auf andere Menschen zu. Der eine ist ein Gefühlsmensch, der andere vor allem ein Denker. Anfangs finden wir eine derartige Ergänzung schön: Der andere gibt uns etwas, wozu wir selbst nicht imstande sind. Doch auf lange Sicht verschließen wir uns vor einander in dieser Einseitigkeit.

Der Nehmende wird niemals lernen zu geben, weil der Gebende das bereits tut, bevor der Nehmende überhaupt auf den Gedanken kommt, zu geben. Der Denker wird es nicht so leicht lernen, sein Gefühlsleben zu entwickeln, denn der andere ist ja auf dem Gebiet der Gefühle viel stärker, als er es selbst jemals werden wird. Der Schüchterne wird neben einem, der mit anderen Menschen so unbeschwert umgeht, seine Verlegenheit nicht so schnell überwinden. Es besteht keine Notwendigkeit, das zu lernen, denn der andere sorgt schon für die Kontakte mit fremden Menschen.

Wenn man Menschen und ihre Beziehungen eingehend betrachtet, erkennt man, dass in ganz vielen Beziehungen die Partner jeweils die Schwächen des anderen ergänzen. Wenn wir nicht richtig aufpassen, können wir dadurch gegenseitig weiterem Wachstum und weiterer Entwicklung im Wege stehen. Doch der Erzengel Michael hat gerade unser geistiges Wachstum als Hauptziel im Auge. Daher will er, dass derjenige, der nur gibt, auch lernt zu nehmen, und derjenige, der nur nimmt, auch lernt zu geben. Er will, dass wir unsere Schüchternheit überwinden und der Denker lernt, sein Gefühl zu entwickeln, so wie der Gefühlsmensch auch lernt, seine Denkkraft zu entwickeln. Wenn wir beginnen, einander bei einem solchen Wachstum und einer solchen Entwicklung dauerhaft im Weg zu stehen, ruft Michael immer mehr Blockaden in der Beziehung hervor. Die Folge davon ist, dass wir in einer solchen Beziehung gezwungen werden, uns auf das Muster dieser Beziehung zu besinnen. Warum treten diese Reibereien auf? Warum wird die Beziehung so mühsam? Wenn wir durch dieses Besinnen zur Erkenntnis kommen und entdecken, dass wir uns bei unserem Wachstum gegenseitig im Weg stehen, können wir uns bewusst an die Arbeit machen, anders miteinander umzugehen, so dass dieses Wachstum möglich wird. Wo diese Erkenntnis sich nicht einstellt, bleibt in einem bestimmten Moment meist nichts anderes möglich, als die Beziehung abzubrechen.

Aus der Sicht des heiligen Michael sind Trennungen auch nicht grundsätzlich falsch, sondern manchmal, so schmerzhaft sie sein mögen, nötig, um weiteres Wachstum und weitere Entwicklung möglich zu machen. In unserer Zeit betrachten wir eine Trennung zwischen zwei Menschen – Paaren, Eltern/Kindern, Freundinnen und Freunden – praktisch immer als einen Tiefschlag, als etwas Negatives. Vielleicht müssen wir lernen, anders damit umzugehen: Im Geiste des Erzengels Michael geht es ja insgesamt um unser geistiges Wachstum, und unsere Beziehungen stehen ebenfalls im Dienst dieses Wachstums. Vielleicht müssen wir daher lernen, manchmal eine Beziehung in Dankbarkeit und mit gegenseitigem Respekt – zeitweise oder definitiv – zu beenden, wenn diese auch bei näherem Hinsehen diesem beiderseitigen Wachstum weiterhin im Weg steht. In diesem Fall werden wir lernen müssen, wie wir in Dankbarkeit und mit nachhaltigem Respekt füreinander diese Beziehung beenden können.

5. Experimente

Junge Menschen experimentieren heute viel mehr als früher, bevor sie sich definitiv für einen Lebenspartner entscheiden. Zu diesem Experiment gehört heutzutage auch das sexuelle Experiment: Passen zwei Menschen nicht nur in geistiger, sondern auch in körperlicher Hinsicht zueinander? Es muss deutlich gesagt werden, dass eine solche Art von Experimenten – vorausgesetzt dies geschieht mit Respekt – nicht schlecht ist, sondern vielmehr ein Gewinn. Junge Menschen von heute beginnen eine feste Beziehung viel klüger als frühere Generationen – klüger sowohl in geistiger als auch in sexueller Hinsicht. Was wir der Jugend von klein auf beibringen können, ist folglich, respektvoll miteinander umzugehen.

Auch hierbei sehen wir, dass der Erzengel Michael eine Umkehr beabsichtigt. Anstelle der Jugend eine endlose Litanei von Vorschriften und Geboten mitzugeben, können wir ihnen beibringen, bei allen Beziehungen von einer elementaren Grundhaltung auszugehen, die von Respekt geprägt ist. Wir dürfen sie lehren, auf ihre eigenen inneren Gefühle von Respekt und Liebe zu hören; denn es ist in der heutigen Zeit viel wichtiger, dass die Jugend lernt, in sich selbst hineinzuhören, auf den inneren Kern des Wissens, Vertrauens und Respekts in sich selbst zu lauschen, als zu lernen, irgendwelche Vorschriften zu erfüllen. Die Umkehr, die Michael beabsichtigt, ist folglich die Abkehr vom Gehorsam gegenüber Dingen, die im Außen liegen (äußere Vorschriften, Aufträge von anderen, die Meinung von verschieden Autoritäten) hin zum Lauschen auf das Wissen des Herzens. Man könnte es auch folgendermaßen ausdrücken: Michael weist uns den Weg von außen nach innen. Die Normen und Werte, die in der heutigen Zeit im Umgang mit anderen erforderlich sind, werden wir in unserem eigenen Herzen ausgraben müssen.

Wenn es wahr ist, dass der Erzengel Michael unser geistiges Wachstum als Hauptziel im Auge hat – ein Wachstum, bei dem wir lernen, unseren Egoismus zu überwinden und mehr und mehr aus echter Liebe heraus mit anderen Menschen umzugehen, wird er sicherlich auch das respektvolle Experiment auf dem Gebiet der Beziehungsfindung akzeptieren und sogar aktiv unterstützen. Indem wir diesen Weg gehen, wachsen wir, auch wenn wir bei unseren persönlichen Erfahrungen immer wieder fallen und neu aufstehen. Dies ist die einzige Art und

Weise, wie die Quelle des inneren Wissens, oder unser Gewissen, geweckt und ins Leben gerufen werden kann. Der Weg des respektvollen Experimentierens ist folglich als Weg gedacht, auf dem die Jugend mit ihrem eigenen Lebenskern, der stillen Quelle inneren Wissens, oder ihrem Höheren Selbst in Verbindung kommt.

Das Faszinierende ist, dass alle Religionen immer wieder auf diesen tiefen Kern verweisen. Im Buddhismus wird dieser „Buddha-Natur" genannt. Viele andere Traditionen nennen diese Kraft den „Geist in uns". Das Christentum bezeichnet diesen Kern als den „inneren Christus". Die spirituelle Tradition spricht gern über unser „Höheres Selbst".

Ich formuliere dies alles so ausdrücklich, weil Veränderungen auf dem Gebiet der Moral beinahe immer als Verschlechterungen betrachtet werden, als eine Abwertung der alten Moral. Das Wort *experimentieren* weckt bei vielen Menschen negative Assoziationen. Aber im Geiste des Erzengels Michael dürfen wir behaupten, dass nicht alle Veränderungen schlecht sind! In dieser Zeit, da Michael uns seinen Auftrag zum geistigen Wachstum vorlegt, ist eben diese Lebenshaltung des respektvollen Experimentes eine passende Entwicklung, die es uns möglich macht, jene Lektionen zu lernen, die uns dieser ganz besondere Erzengel aufgibt.

Michael

Michael, gib mir die Kraft, treu zu sein
Dem Auftrag, den du mir gibst.

Schenke mir ein offenes Auge für
Die innere Schönheit des anderen –
Und verleihe mir den Mut,
In den Spiegel zu schauen,
Den der andere mir vorhält.

Lass' mich so den Weg der Liebe gehen,
Im vollen Vertrauen
Auf deinen Impuls und dein Geleit.

Freiheit und Vertrauen

Jemandes Freiheit in einer Beziehung zu bewahren –
Das ist in unserer Zeit die höchste Aufgabe,
Die zugleich die Schwierigste ist.
Um dem anderen Freiheit zu geben – der Mann der Frau,
Die Frau dem Mann, die Eltern dem Kind –
Muss man einander, sich selbst sowie Gott vertrauen.

III. Über Freundschaften und Familienbeziehungen

Die Familie beginnt auseinanderzufallen

Bis heute ist die Familie eine wichtige Instanz: Von Familienmitgliedern holen viele ihren Halt und ihre Sicherheit. „Auf Verwandte, insbesondere seine Geschwister, Eltern und Kinder, kann man immer zurückgreifen, wenn es nötig ist", sagen viele. Sie bewahren uns vor Einsamkeit, denn sie sind immer für uns da. Bei Krankheiten fangen sie uns auf, und bei anderen schmerzhaften Ereignissen im Leben können wir stets auf sie zurückgreifen. Familienangehörige vererben ihren Besitz einander weiter, denn sie stehen einander am nächsten. Die Familie hat man immer: Ihr Vater bleibt Ihr Vater, und Ihre Mutter bleibt stets Ihre Mutter, was auch geschieht. Ihre Schwester bleibt immer Ihre Schwester, selbst wenn Sie einander jahrelang nicht sehen. Ihr Bruder bleibt Ihr Bruder, Ihr Sohn Ihr Sohn. Freunde und Freundinnen hingegen können Sie vom einen Tag auf den anderen verlieren. Durch einen Streit oder einen Konflikt bricht beispielsweise eine Beziehung urplötzlich ab, und Sie sind nicht mehr miteinander befreundet. Doch Familie bleibt immer Familie, was auch geschieht. So haben es viele in der Vergangenheit erlebt, und so erleben viele ihre Familie auch heute noch.

Doch es sind in letzter Zeit immer mehr Risse in dieser festen Familienbastion sichtbar. Viel häufiger als früher kommen Brüche in Familienbeziehungen vor. Viel öfter als früher brechen Brüder mit ihren Schwestern, brechen Schwestern den Kontakt zu ihren Brüdern, wollen Kinder nichts mehr mit ihren Eltern zu tun haben und so weiter. Viel öfter als früher leiden Eltern unter der Tatsache, dass ihr Kind den Kontakt zu ihnen abgebrochen hat, und meist verstehen sie kaum die Gründe.

Blickt man weiter zurück, so stellt man fest, dass das früher so feste Familienband immer stärker angetastet wird und die heutige Entwicklung nicht aus heiterem Himmel kommt. Früher war es beispielsweise selbstverständlich, dass der älteste Sohn in die Fußstapfen des Vaters trat und den Familienbetrieb weiterführte oder zumindest den gleichen Beruf wie der Vater wählte. Heute wird dies vom ältesten Sohn nicht mehr erwartet, und ebenso wenig vom nächsten Sohn. Der gewaltige Druck, der früher darin bestand, in die Fußstapfen des Vaters zu treten, ist damit so gut wie verschwunden. Die Führungsposition von Familienbetrieben nehmen folglich auch immer häufiger Menschen ein, die von außen kommen und gar nicht zur Familie gehören.

Außerdem stellen wir fest: Wenn die Söhne oder Töchter früher heirateten, blieben sie oft gleich um die Ecke wohnen, so dass der alte, vertraute, enge Umgang mit der Familie wie gewohnt fortgesetzt werden konnte. In einigen Dörfern auf dem Land erleben wir dies heute noch, doch ist dies in unserer Zeit eher die Ausnahme als die Regel.

Ein anderer aussterbender Brauch ist folgender: Söhne wurden früher immer nach ihrem Großvater väterlicherseits benannt, Töchter nach ihrer Großmutter. Ein eventueller zweiter

Sohn erhielt dann den Namen des anderen Großvaters, während die zweite Tochter den Namen der anderen Großmutter bekam. Kinder wurden auch oft nach ihren Onkeln und Tanten benannt, meist war es der zweite oder dritte Name, den ein Kind als Taufnamen erhielt. Oft kann man noch anhand von Familien-Chroniken und Stammbäumen ablesen, wie sich beispielsweise die Namen Jan und Dirk abwechseln. Der Älteste, Jan, benennt seinen Sohn Dirk nach seinem Vater. Dirk benennt seinen Sohn wieder nach seinem Vater, also Jan. Jan benennt seinen Sohn wiederum nach seinem Vater, also Dirk. Und so geht das immer weiter: Jan, Dirk, Jan, Dirk und so weiter. Bis weit in das letzte Jahrhundert hinein wurde dieser Brauch in den meisten Familien in Ehren gehalten. Heutzutage ist auch diese Gewohnheit beinahe ganz verschwunden. Es kommt immer häufiger vor, dass Kinder einen Namen erhalten, der gar nichts mehr mit irgendeinem Familienmitglied zu tun hat.

Wir erkennen folglich, dass die Familie auf bestimmte Weise auseinanderzufallen beginnt. Geburtstagsfeiern, an welchen beispielsweise die ganze Familie von allen Seiten herbeikommt, sind viel weniger selbstverständlich als früher. Immer mehr Menschen fühlen sich nicht mehr länger verpflichtet, bei diesen Feiern anwesend zu sein. Natürlich sehen wir, dass andere sich mit diesem uralten Ritual noch ganz gut fühlen, doch die Selbstverständlichkeit dieses Rituals ist langsam am Verschwinden. Es gibt allgemeine Signale, die deutlich machen, dass das althergebrachte Familienband zumindest einer raschen Erosion ausgesetzt ist. Wie kommt es denn, dass die uralte Zusammengehörigkeit innerhalb der Familie in unserer Zeit immer weniger selbstverständlich zu sein scheint?

Bei vielen Einwanderern beobachten wir häufig noch ein echtes Zusammengehörigkeitsgefühl in der Familie. Doch auch dort erkennen wir bei der jüngeren Generation die ersten Signale dafür, dass auch diese Jugend beginnt, die Familienbande als beklemmend zu empfinden und sich von dieser Fessel zu lösen.

Vom Gruppenwesen zum Individuum

Wenn wir die Geschichte der Menschheit in gröberen Zügen verfolgen, entdecken wir noch eine weitere Entwicklung, die mit der oben Dargestellten in engem Zusammenhang steht. Wir erkennen dann, wie der Mensch sich damals, vor langer Zeit, als untrennbarer Teil der Volksgemeinschaft fühlte, zu der er gehörte. Dabei empfand sich der Mensch viel mehr als Mitglied jenes Volkes denn als Individuum. Der Mensch fühlte sich damals, vor langer Zeit, mehr als *wir* denn als *ich*. In der esoterischen Tradition wird in diesem Zusammenhang berichtet, dass der Mensch anfangs ein Gruppenwesen war und sich erst ganz langsam zu dem Individuum entwickelte, wie wir es heute erleben. In meinem Buch *Aan synagoge, kerk en moskee voorbij* (Jenseits von Synagoge, Kirche und Moschee) habe ich diese Entwicklung recht ausführlich beschrieben. Ich will jene Gedanken an dieser Stelle kurz zusammenfassen, vor allem weil aufgrund der Betrachtung dieser Entwicklung zwei Dinge deutlich werden: Zuerst, warum es eigentlich logisch ist, dass die Familie heutzutage zu zerfallen beginnt, und zweitens, warum in unserer Zeit eine Verschiebung der familiären Beziehungen hin zu Freundschaften stattfindet.[4]

- Ursprünglich bildete die Menschheit eine Einheit – eine Einheit, die in der esoterischen Tradition als „das eine Gruppenwesen Mensch" bezeichnet wird. In unserer Zeit bilden Tiere noch immer eine Gruppenseele, betrachten wir beispielsweise nur einmal einen Schwarm Vögel oder eine Schafherde. Doch schon bald spaltete sich der eine Mensch, das eine Gruppenwesen, in zwei verschiedene Arten von Menschen, und folglich in zwei Gruppen: in Männer und Frauen. Die biblische Geschichte über die Erschaffung Evas aus einer Rippe von Adam – welcher der erste, noch ungeteilte Mensch war – ist eine bildhafte Beschreibung dieses Ereignisses. Durch die Spaltung dieses einen Menschen in Männer und Frauen begann auch die Dualität hier auf Erden. Das bedeutet, dass alles auf dieser Erde hier seit jener Zeit in zweifacher, einander entgegengesetzter Form existiert. So kennen wir nicht nur Männer und Frauen, sondern auch Tage und Nächte, hell und dunkel, gut und böse, unten und oben, innen und außen usw. Die große Entwicklung des Gruppenwesen hin zum Individuum begann folglich mit der Spaltung der einen Menschheit, des einen Gruppenwesens, in zwei getrennte Gruppen.[5]

- Der nächste Schritt auf diesem Weg, auf dem die eine Menschheit sich immer mehr in Teile spaltet, bestand aus der Entstehung der verschiedenen Rassen. Dieses Ereignis wird in der Bibel in der Geschichte über die drei Söhne von Noah beschrieben: Sem, Cham und Jafet. Jeder von ihnen wurde zum Stammvater einer anderen Rasse. So wurde beispielsweise Noahs Sohn Sem der Stammvater der semitischen Rasse.[6]

- Der nächste Schritt ist die Aufspaltung der verschiedenen Rassen in eine Vielzahl von Völkern. Hiervon wird in der Bibel in der Geschichte über den Turmbau zu Babel eine bildhafte Beschreibung abgegeben. Gott lässt verschiedene Sprachen entstehen, so dass die Menschen einander nicht mehr verstehen und daher auseinandergehen. Die verschiedenen Menschengruppen, die dabei entstehen, werden als „Völker" bezeichnet. Jedes Volk spricht eine eigene Sprache und findet in dieser Sprache sein Bindeglied. Als Folge dieser Entwicklung verstreuten sich die verschiedenen Völker über die gesamte Erde. So fiel die eine Menschheit immer weiter auseinander. Doch noch immer bleibt der Mensch ein Gruppenwesen, auch wenn die eine, ursprüngliche Gruppe allmählich in immer kleinere Einheiten zerfallen ist.[7]

- Die Entwicklung hin zum Individuum wird insbesondere durch das jüdische Volk eingeläutet. Die drei monotheistischen Religionen – das Judentum, das Christentum und der Islam – spiegeln die (weitere) Entwicklung des Menschen vom Gruppenwesen hin zum Individuum wider. Monotheismus bedeutet, dass diese Religionen nur einen Gott und nicht mehrere Götter kennen, wie die polytheistischen Religionen dies tun. Polytheismus bedeutet *Vielgötterei*, während Monotheismus bedeutet, dass es nur einen Gott gibt. Die ältesten Weltreligionen waren/sind polytheistisch, die jüngsten Weltreligionen hingegen sind monotheistisch. Der Übergang vom Polytheismus hin zum Monotheismus ist eine Folge der Tatsache, dass die Menschheit begann, anstelle eines „Wir-Gefühls" ein „Ich-Gefühl" zu entwickeln. Im Polytheis-

mus wird Gott als 'Wir' betrachtet, folglich als Gruppenwesen. Das rührt daher, weil der Mensch sich nach dem
Bild von sich selbst ein Bild von Gott macht. Die Tatsache, dass der Monotheismus Gott als ein „Ich" betrachtet, bedeutet folglich, dass der Mensch sich selbst als ein
Individuum, als ein „Ich" zu betrachten beginnt – denn
dieses Bild von Gott sagt auch alles über das Bild aus,
das der Mensch von sich selbst hat.

- Als Prinz Claus der Niederlande einmal gefragt wurde, ob er sich mehr als Deutscher denn als Niederlän-
der fühle, antwortete er, dass er sich vor allem als Welt-
bürger fühle, und nicht so sehr als Deutscher oder Nie-
derländer. In seiner Antwort zeigte er, dass das Volk, zu
dem wir gehören, für den Menschen, der wir sind und als
der wir uns fühlen, nicht mehr (alles) bestimmend ist.
Als der Mensch begann, sich als Individuum zu fühlen,
wurde für ihn die Familie allmählich auch wichtiger als
das Volk, dem er angehörte. Das eine Volk begann sozusagen, in viele verschiedene Familien zu zerfallen. Noch
immer gibt es heutzutage viele Menschen, für welche sowohl das Volk als auch die Familie heilig sind, doch die
Zahl der Menschen, für die die Volkszugehörigkeit für
ihre Identität nicht mehr ausschlaggebend ist, nimmt zu.

- In unserer heutigen Zeit beginnt auch die letzte (Grup-
pen-) Einheit, die Familie, auseinanderzufallen. Aufgrund des oben Dargestellten ist diese Entwicklung logisch und verständlich: Es ist unsere Bestimmung, dass
der Mensch sich zu einem Individuum entwickelt, zu jemandem, der auf eigenen Beinen stehen, urteilen und
Beschlüsse aufgrund seines eigenen (Ge-) Wissens und

nicht (mehr) aufgrund überlieferter Familienregeln und Familiengewohnheiten fassen kann. Das bedeutet, dass es in familiären Beziehungen immer wichtiger wird, einander die Freiheit zu lassen, einen eigenen Weg zu gehen, abhängig davon, was das eigene Innere vorgibt. Natürlich wird dies immer häufiger ein Weg sein, der gegen die Familientradition geht oder zumindest anders verläuft, als diese es vorgibt. Wo die Freiheit nicht ausreichend respektiert wird oder wo Eltern beispielsweise – wie es trotz bester Absicht vorkommt – noch immer recht dominant sind und dadurch ihrem Kind (zu) wenig Freiheit und Bewegungsspielraum lassen, kommt es oftmals zu einem Bruch. Doch passen Sie auf und drehen Sie diese Tatsache bitte nicht um: Nicht immer, wenn ein Kind das Bedürfnis verspürt, sich von der Familie zu lösen, ist das die Folge der Dominanz durch die Eltern! Es kann auch im Kind selbst ein ganz starker Impuls leben, in dieser Inkarnation endlich zu lernen, auf eigenen Beinen zu stehen, und es kann gut sein, dass dieser Impuls das Kind dazu bringt, (eine Zeit lang) mit den Eltern zu brechen.

Das starke Bedürfnis nach Freiheit

Wir sehen folglich, dass der Mensch sich im Laufe der Evolution immer mehr aus allerlei alten Gruppenverbänden löst, um zu lernen, auf eigenen Beinen zu stehen und ein Individuum zu werden. Dies ist eine Entwicklung, durch die ein Mensch immer mehr lernt, *ich* zu sagen anstelle von *wir*, oder sich immer weiter vom Gruppenwesen weg hin zum Individuum wandelt. Außerdem ist es eine Entwicklung, bei der der Mensch allmählich eine Umkehr vollzieht und lernt, auf sein eigenes Inneres zu lauschen, anstelle auf allerlei äußere Autoritäten zu hören. Wir sahen außerdem, dass als Folge dieser viele Jahrhunderte dauernden Entwicklung nun auch die letzte tragende Form von Gemeinschaft, die Familie, in unserer heutigen Zeit ihre Bindekraft zu verlieren beginnt und es daher in familiären Beziehungen immer häufiger zum Bruch kommt. Diese Brüche scheinen – so befremdlich das auch klingt und so sehr es uns vielleicht auch auf den ersten Blick widerstrebt – mit einer bestimmten logischen Entwicklung zusammenzuhängen, die einen wichtigen Schritt nach vorn in der Entwicklung des Menschen bezweckt.

Wenn wir dies alles betrachten, ist es verständlich, dass der Mensch heutzutage mehr Freiheiten benötigt als je zuvor, um dem geistigen Auftrag dieser Zeit entsprechen zu können. Diese Freiheit ist ja die notwendige Voraussetzung für eine Entwicklung hin zum Individuum und dahin, zu lernen, auf eigenen Beinen zu stehen. Freiheit ist notwendig, um selbstständig zu werden und zu lernen, auf das eigene (Ge-) Wissen zu hören. Mehr als alles andere bildet die Freiheit folglich auch die Basis für jene Entwicklung, welche in der heutigen Zeit (von der geistigen Welt) beabsichtigt ist. Daher besitzen so viele Menschen heutzutage ein so starkes Bedürfnis nach Freiheit. Daher erfährt auch beinahe jeder Mensch in unserer Zeit, gerade in einer Beziehung, diese Spannung zwischen Freiheit und Geborgenheit. Wir wollen einerseits Liebe, Zusammengehörigkeit und Geborgenheit, andererseits aber wollen wir auch unsere Freiheit – und wir reagieren nahezu allergisch, wenn wir das Gefühl haben, dass unsere Freiheit uns auf irgendeine Weise genommen wird, mag dies auch mit einer noch so guten Absicht geschehen.

Doch wenn wir mehr Freiheit verwirklichen und lernen, auf unser eigenes Inneres zu lauschen, stellt sich die Frage: Nach welchem Inneren lauschen wir eigentlich? Und was tun wir mit dieser größeren Freiheit? Wie lernen wir es, diese einzusetzen? Wir können unsere Freiheit nämlich auf der Ebene unseres Egos benutzen. Dann verwenden wir diese Freiheit dazu, dass es uns persönlich besser geht – mit mehr Macht, mehr Besitz oder mehr Ansehen, und was unser Ego sonst noch als reizvoll empfindet. Wir können diese Freiheit aber auch auf einer ganz anderen Ebene anwenden, nämlich um anderen beizustehen, um so auf unsere eigene Weise etwas mehr Frieden auf Erden zu bringen. Wir können diese Freiheit benutzen, um unsere Kraft, solange wir leben, für das Wohlbefinden von anderen einzusetzen. Wenn wir dies tun, nutzen wir unsere neugewonnene Freiheit auf der Ebene unseres Höheren Selbst. Anders ausgedrückt: Die Frage, auf welche Stimme in unserem Inneren wir lernen zu hören, wenn wir einmal unsere Freiheit erworben und den Weg nach innen gefunden haben, kann mit der Feststellung beantwortet werden, dass wir dabei die Wahl haben, auf die Stimme unseres Egos oder auf die Stimme unseres Höheren Selbst zu hören.

Es dürfte deutlich geworden sein, dass die Wahl, die wir in dieser Hinsicht treffen, für die Zukunft unseres Zusammenlebens entscheidend ist. Wenn die meisten Menschen sich entscheiden, auf die Stimme ihres Egos zu hören, entsteht ein hartes, egoistisches Zusammenleben mit viel Gewalt, bei dem es sich vor allem um Macht, Geld, und Ansehen drehen wird. Entscheiden sich die meisten Menschen jedoch dafür, auf jene andere Stimme zu hören, die Stimme des Höheren Selbst, wird unser Zusammenleben ein Stück weit freundlicher und friedlicher werden, als es derzeit ist. Es ist jetzt ganz wichtig, jungen Menschen diese Wahlmöglichkeit bewusst zu machen und ihnen zu helfen, die Entscheidung für ihr Höhere Selbst zu treffen und ihnen beizubringen, wie sie auf die Stimme des Höheren Selbst lauschen und diese von der Stimme des Egos unterscheiden können.[8]

Der Schwerpunkt verlagert sich – weg von familiären Beziehungen und hin zu Freundschaften

Die esoterische Tradition hat bereits vor Jahrhunderten behauptet, dass in der entscheidenden Übergangszeit, die wir nun miterleben, familiäre Beziehungen weniger wichtig sind und ihre Bindekraft verlieren, während hingegen Freundschaften immer wichtiger werden. Es wird auch berichtet, weshalb das geschehen wird: Weil familiäre Beziehungen vor allem mit dem Ego zu tun haben, Freundschaften hingegen vor allem mit dem Höheren Selbst in Verbindung stehen.

Als ich dies selbst zum ersten Mal las, fand ich das reichlich befremdlich. Doch ich verstehe es mit der Zeit immer besser. Was ich mit meiner Familie teile, sind meine Gene. Ich habe meinen Körper von meinem Vater und meiner Mutter erhalten – und an sich ist das ein großes Geschenk, für das ich nicht dankbar genug sein kann. Sie ermöglichen es mir, hier, in einem Körper auf Erden zu leben. Doch mit diesem Körper erbte ich auch – einen Teil – ihrer (körperlichen) Merkmale, und meine Geschwister haben dieselbe Erbanlage mitbekommen. Auch mit ihnen teile ich also meine Gene. Außerdem teile ich mit meinen Geschwistern dieselbe Kindheitsgeschichte – auch wenn wir heutzutage immer mehr entdecken, dass jedes Kind in bestimmter Hinsicht, nämlich in geistiger Hinsicht, in der Tat andere Eltern und eine andere Beziehung zu diesen Eltern hat. Die Betonung in familiären Beziehungen liegt natürlich auf den Genen, die man teilt, auf dem, was mit jenem merkwürdigen Ausdruck „mein eigen Fleisch und Blut" angedeutet wird. Doch diese Gene und jenes geteilte Fleisch und Blut machen deutlich, dass unsere Verbindung zu den Familienmitgliedern etwas Materielles ist; denn das Merkwürdige ist, dass Geschwister, die aus ein und derselben Familie stammen, geistig gesehen ebenso unterschiedlich sein können wie Tag und Nacht. Aber wie groß diese geistigen Unterschiede auch sein mögen, die Bindekraft des Materiellen, der Gene oder der Blutsbande, überwiegt meistens. Manchmal herrschen beispielsweise vielerlei negative Kräfte zwischen Geschwistern: Eifersucht, versteckter Zorn und Verachtung. Doch wie sehr sie sich geistig vielleicht auch voneinander verschieden fühlen und sogar gegeneinander stehen mögen, meist überwiegt doch die Kraft des Blutes, und sie bleiben trotzdem miteinander in Kontakt.

Nun hat das Ego immer mit der Materie zu tun und damit mit den familiären Beziehungen. Das Ego ist aus astralen Kräften aufgebaut, die auf die Erde und auf uns selbst ausgerichtet sind. Das Ego kennt daher hauptsächlich irdische Kräfte und erkennt nur irdische Gesetze. Nicht fassbare Dinge, wie einen Himmel, Engel und ein Leben nach dem Tod sind für das Ego Unsinn, denn das Ego versteht nur, was die Sinnesorgane des Körpers erfassen und beweisen können. Das Ego begreift und erkennt daher sehr wohl die irdische, jedoch nicht die geistige Wirklichkeit. Es begreift, warum Menschen auf Grund von Materie

– und folglich auch auf Grund von Genen oder auf Grund ihres Blutes – jedoch nicht, weshalb sie auf Grund von geistigen Kräften miteinander verbunden sind.

Das Höhere Selbst ist eine ganz andere Kraft. Es stammt aus der hohen geistigen (Licht-) Welt und ist auf die universellen Gesetze dieser Welt ausgerichtet. Für das Höhere Selbst sind Engel, ein Leben nach dem Tod, der Himmel und die Kraft der Liebe Realität – es stammt aus der Welt der Engel und der vollkommenen Liebe. Nun spiegeln Freundschaften im Prinzip die Lebensebene des Höheren Selbst wider; denn was mich mit Freundinnen/Freunden verbindet, ist nichts Materielles, sondern einfach die Kraft der Wärme und der Liebe. Was mich mit ihnen verbindet, ist die Tatsache, dass ich im *Anderen* einen geistigen Bruder und eine geistige Schwester erkenne – als ob etwas von höheren, geistigen Wesen auch durch sie hindurchströmt. Dieses Wiedererkennen spüre ich auf den ersten Blick, ich lese es in ihren Augen ab. Mit Freundinnen/Freunden fühle ich mich auch durch die Teilung geistiger Kräfte und eine aufrechte Liebe verbunden – und diese beiden Elemente gehören weit mehr zum Wirkungskreis des Höheren Selbst und nicht so sehr zum Ego.

In unserer heutigen Zeit geht es nun darum, dass wir den Weg nach innen finden und dort mit der Ebene unseres Höheren Selbst in Kontakt kommen, und nicht mit einer Ebene des reinen Egos. Heute, wo ich immer weniger den Normen und Regeln gehorchen muss, die mir durch mein Volk, meine Religion oder meine Familie vorgehalten oder sogar auferlegt werden, ist es wichtig, in mir selbst eine Quelle zu finden, die mir sagt, wie und nach welchen Normen ich zu leben habe. Daher ist es in unserer Zeit wirklich lebenswichtig, den Weg zu unserem Höheren Selbst zu finden – und folglich auf dessen Ebene zu leben und nicht auf der des Egos.

Wenn wir all dies betrachten, wird uns immer verständlicher, dass ganz viele familiäre Beziehungen – oder Beziehungen auf der Ebene der Gene oder des Blutes und folglich des Egos – mühsamer verlaufen werden und wir uns in Zukunft mehr und mehr in Beziehungen zu Hause fühlen werden, in welchen es um Seelenverwandtschaft geht. Wir werden in dieser, vor allem jedoch auch in späteren Inkarnationen erleben, dass der Schwerpunkt weg von familiären Beziehungen und hin in Richtung Freundschaften verschoben werden wird. Die zunehmenden Probleme in Beziehungen mit Familienmitgliedern sind ein Signal dafür, dass diese Verschiebung inzwischen bereits begonnen hat. Mehr und mehr werden wir also in Freunden und Freundinnen unsere wahren Schwestern und Brüder erkennen. Mehr und mehr werden wir lernen, unseren Halt in den Menschen zu finden, mit welchen wir uns im Geiste verbunden fühlen.

Zusammenfassung

Zusammenfassend können wir Folgendes sagen:
- Die Menschen werden gegenwärtig immer individualistischer. Dieser Individualismus soll eine bestimmte geistige Entwicklung möglich machen.
- Für diese Entwicklung erhalten wir eine größere Freiheit als je zuvor. Daher ist es in der heutigen Zeit unsere Aufgabe, zu lernen, wie wir diese Freiheit auf der Ebene des Höheren Selbst und weniger auf der Ebene des Egos erleben können.

- Es gehört in dieser Zeit zu unserer Aufgabe, zu lernen, einander freizulassen und ein Gleichgewicht zwischen Freiheit und Geborgenheit zu finden. Lose Beziehungen werden daher in Zukunft wahrscheinlich immer üblicher und selbstverständlicher werden, weil diese unserem wachsenden Bedürfnis nach einer Geborgenheit, die uns zugleich Freiheit schenkt, am besten entsprechen.

- Die heutige Entwicklung, die uns aus der Ebene des Egos auf die Ebene unseres Höheren Selbst führen will, geht mit einer Verschiebung der Bedeutung einher, welche die verschiedenen Beziehungen für uns haben. Der Schwerpunkt beginnt sich allmählich weg von familiären Beziehungen hin zu Freundschaften zu verschieben. Diese Entwicklung wird im kommenden Jahrzehnt verstärkt sichtbar werden.

Übrigens möchte ich an dieser Stelle – hoffentlich unnötigerweise – betonen, dass ich familiäre Beziehungen nicht ablehne, ganz im Gegenteil. Viele Menschen können darin ihrer Liebe Ausdruck verleihen und sich darin geborgen fühlen. Sie erfahren, dass sie darin auch die höhere Liebe ihres Höheren Selbst erleben können. Außerdem gehört die reine, aufopferungsvolle Liebe der Eltern für ihre Kinder zur höchsten Form der Liebe, die möglich ist. Es ist folglich auch ganz gut möglich, familiäre Beziehungen zu wahren Freundschaften umzuformen, doch dies ist nicht jedem gegeben. Gerade dort, wo dies aus vielerlei Gründen nicht möglich ist, werden in unserer Zeit zunehmend Spannungen in den familiären Beziehungen entstehen. Doch in Anbetracht des oben Dargestellten muss das nicht nur negativ sein.

Gesegnet

Wo wir gegenseitig verletzlich sind,
Wo Zärtlichkeit eine Chance bekommt und die Liebe unsere
treibende Kraft ist,
Dort wird die Gegenwart von Engeln spürbar,
Dort dürfen wir erfahren, wie sie ihre Lebenskraft
In unser Herz strömen lassen.
Wer mit anderen Menschen liebevoll umgeht,
wird gesegnet –
Spürbar und sichtbar gesegnet.

IV. Das Geheimnis von Beziehungen

Beziehungen als Schule des Lebens

Die esoterische Tradition hat im Hinblick auf Beziehungen ihre eigene Sichtweise – eine Sichtweise, die recht weit von der Art und Weise abweicht, nach der Beziehungen normalerweise eingestuft werden. So betrachtet die Römisch-Katholische Kirche die Ehe als heiliges Sakrament. Damit steht die Ehe nach dieser Tradition an allererster Stelle, über allen anderen Beziehungen. Ein Rechtsanwalt, der vor allem mit Ehescheidungen zu tun hat, wird Beziehungen vermutlich vor allem als Schlachtfeld einstufen. Ein Psychiater sieht – zynisch gesprochen – in Beziehungen wahrscheinlich die beste Möglichkeit, sich selbst zu begegnen und verschiedenste Emotionen und Triebe aneinander auszuleben.

Laut der esoterischen Tradition dient eine Beziehung vor allem als eine Schule, in der man sich selbst kennen und wie in einem Spiegel betrachten lernt. Diese Schulung macht ein geistiges Wachstum möglich und ist daher ein großes Geschenk, auch wenn es manchmal ein schwieriges Geschenk ist. Ganz konkret können wir dabei Folgendes lernen:

- Wir können in Beziehungen lernen, wie wir *gegenseitig die karmische Last des anderen mittragen* können. Wir können helfen, die Lebensaufgaben, vor die sich der andere gestellt weiß – Krankheit, Prüfungen, Kummer und anderes – für unsere Lieben und für unsere Freundinnen/ Freunde mitzutragen. Damit machen wir wahr, was Paulus uns als Aufgabe mit auf den Weg gegeben hat: *„Einer trage des anderen Last."* Beziehungen sind damit eine Übung, um Feinfühligkeit und Mitgefühl zu erwerben.[9]

- Wir dürfen einander mit unserer Liebe, Aufmerksamkeit und Freundschaft auch beim Erwerb neuer Seelenkräfte oder bei der *Entdeckung neuer Möglichkeiten in uns selbst* sowie beim Umsetzen dieser Möglichkeiten unterstützen.

- Der Erwerb dieser neuen Seelenkräfte steht beinahe immer im Zusammenhang mit dem Motto: *„Zu dem werden, der wir in unserem tiefsten Inneren sind",* und folglich mit einem weiteren Wachstum hin zu unserem Wesenskern. Freundschaften und andere Beziehungen sind eine Schule des Lebens, in der wir lernen, auf eine andere, tiefere Weise aufeinander zu achten – eine Art und Weise, die uns die Augen für das eigentliche Wesen des anderen öffnet. Erst wenn wir nämlich einen Blick für das tiefere Wesen des anderen bekommen, erhalten wir auch Einblick in die eigentlichen Lebensaufgaben des anderen. Erst dann können wir einander wirklich inspirieren und auf dem Weg unterstützen, auf dem wir zu dem Menschen werden, der wir in unserem tiefsten Inneren sind.

- Einander zu tragen und beizustehen – auch in schwierigen Zeiten – einander zu motivieren und dabei helfen zu entdecken, wer wir eigentlich sind – das alles bewirkt in uns wie von selbst *Wachstum an Mitgefühl, wahrer Liebe und Erkenntnis.* Dieses Wachstum an Liebe und Erkenntnis bildet laut der esoterischen Tradition für jeden Menschen die Essenz seines irdischen Lebens.

- Dabei wird dieses Wachstum an Erkenntnis und Liebe in einem bestimmten Augenblick dazu führen, dass wir *erwachen*, wie die esoterische Tradition dies nennt. Damit ist gemeint, dass wir beginnen zu entdecken, worum es im Leben auf Erden eigentlich geht: „Das innere Wissen erwacht." Doch wer *erwacht*, wird dadurch Einsicht in das Geheimnis des Lebens erlangen: Auf die großen Fragen von Leben und Tod wird wie von selbst, von innen heraus, eine Antwort aufsteigen.

- Bei alledem ist es wichtig, ja sogar unverzichtbar, sich *in großer Geduld* zu üben; denn oft sehen wir haargenau, was gut für die anderen ist, und erkennen ganz deutlich, welchen Weg sie nehmen sollten. Wir sehen haargenau, welche Beschlüsse der oder die Betreffende eigentlich fassen und welche Lebensentscheidungen er/sie treffen müsste. Doch der andere kann alle diese Dinge erst zu seinem eigenen Zeitpunkt entdecken und verwirklichen. Einander – und sich selbst – den Raum zu geben, um zur eigenen Zeit und im eigenen Tempo wachsen zu dürfen, ist in allen Beziehungen essenziell. Wer es lernt, diese Geduld aufzubringen, macht dadurch auch selbst – genau wie bei den anderen genannten Themen – ein geistiges Wachstum durch.

Beziehungen sind heilige Verbindungen

In Anbetracht des bereits Gesagten können wir feststellen, dass Beziehungen gemäß der esoterischen Tradition ganz wichtig sind. Sie sind eine unentbehrliche Schule des Lebens. Ohne die Schulung und Ausbildung in dieser irdischen Lebensschule würden wir uns – durch die verschiedenen Leben hindurch – nicht entwickeln und geistig nicht weiter wachsen können. Dabei lernen wir, besonders in dieser Zeit, vor allem die Kraft der Liebe in uns selbst zu entwickeln, beispielsweise auf Grund der Tatsache, dass wir in Beziehungen lernen, unseren Egoismus zu bändigen. Nun ist die Liebe gemäß der esoterischen Tradition die allerwichtigste Kraft im Universum. Deshalb gehören Beziehungen zu den essenziellen Erfahrungen auf Erden; sie sind es schließlich, die ein Wachstum an Liebeskraft ermöglichen.

Doch laut der esoterischen Tradition gibt es noch einen anderen Grund, weshalb Beziehungen für uns so wichtig sind. Beziehungen sind nämlich heilige Verbindungen und ein Kanal für die höheren Kräfte aus der geistigen Welt. Jesus hat einmal gesagt: *„Denn wo zwei oder drei versammelt sind in meinem Namen, da bin ich mitten unter ihnen."* Mit diesen Worten meinte er, dass die Christus-Kraft, die allerhöchste kosmische Kraft der Liebe, die (seit der Taufe im Jordan) durch ihn hindurchströmt, auch in all jenen Beziehungen wirksam werden würde, in welchen Menschen in seinem Geiste miteinander umgehen. *„In seinem Geiste"* – damit meinte er den Umgang miteinander in einer Atmosphäre des Respekts und der wahrhaftigen Zuwendung, der Geduld, der Offenheit und der Verletzlichkeit.[10]

Wir könnten es auch so formulieren: Wo Menschen auf der Ebene ihres Höheren Selbst, und nicht auf der Ebene ihres Egos, miteinander umgehen, werden diese Verbindungen zum Kanal für höhere geistige Kräfte. Dort können die Engel des Lichtes zu wirken beginnen und die Menschen in eine höhere Dimension heben. *Dort können die Engel durch die Menschen hindurch alles Leben auf Erden mit ihren Lebensenergien umhüllen.* Es ist folglich nicht wenig, wozu liebevolle und respektvolle Beziehungen dienen können – sie können für die Engel arbeiten.

Nun ist es nicht selbstverständlich, dass wir im Geiste Jesu Christi miteinander umgehen. Oft gehen wir mehr auf der plumpen Ebene unseres Egos miteinander um, als auf der Ebene unseres Höheren Selbst. Doch wenn Menschen auf der Ebene ihres Egos miteinander umgehen, bedeutet dies, dass sie einander bewusst oder unbewusst benutzen und insbesondere auf den Vorteil bedacht sind, den diese Beziehung ihnen bringen kann. Solche Beziehungen spiegeln sicherlich nicht den Geist Jesu Christi wider. Wenn Menschen einander nicht mehr lieben und respektieren, wodurch oft negative Gefühle von Ohnmacht, Eifersucht und Verbitterung zwischen ihnen aufkommen, sind solche Verbindungen ebenfalls keine Beziehungen mehr im Geiste Jesu Christi, sondern vielmehr das Spielfeld dunkler, negativer Kräfte. Derartige Beziehungen können auf die Menschen sogar zerstörerisch wirken. Menschen können einander darin ungeheuer tief verletzen und zerbrechen. Oft dauert es Jahre, bis Menschen endlich wieder sie selbst werden und ihre Spontaneität und ihr Selbstvertrauen wiederfinden.

Auch solch negativen Beziehungen werden laut der esoterischen Tradition zum Kanal für bestimmte geistige Kräfte, in diesem Fall jedoch für dunkle geistige Kräfte, die auf den Menschen destruktiv wirken. Wenn wir das zu erfassen beginnen, wird deutlich, warum Menschen in Beziehungen so einsam sein und einander darin so tief verletzen können. Nirgendwo sonst, außer gerade in Beziehungen, können Menschen sich so nach unten ziehen und vernichten. Das rührt daher, weil die menschliche Negativität durch dunkle geistige Mächte verstärkt wird. Erst wenn wir dies begreifen, können wir auch begreifen, warum auf der Beziehungsebene solche grausamen Dinge wie beispielsweise ein mehrfacher Mord an Frau und Kindern stattfinden können. Das ist möglich, weil in solchen Situationen menschliche Ohnmacht und menschliche Finsternis mit dem Bösen zusammenkommen, das von den geistigen Mächten der Dunkelheit ausgeht.

Beziehungen als Kanal für gute und böse Mächte

Glücklicherweise ist auch die andere Seite wahr:

- Nur in Beziehungen können Menschen sich so glücklich fühlen;
- Nirgendwo sonst können sie so sichtbar aufblühen;
- Nirgendwo sonst können sie so sehr zu sich selbst finden, dass sie sogar imstande sind, alte Seelenverletzungen zu überwinden;
- Nirgendwo sonst können sie lernen, die Last eines alten Karmas zu verarbeiten und abzulegen;
- Nirgendwo sonst können sie solche ergreifenden Opfer aus Liebe bringen;

- Nirgendwo sonst können sie das mystische Geheimnis der Liebe, die alles übersteigt, so tief erfahren;
- Nirgendwo sonst können sie so sehr ihre eigenen Begrenzungen überwinden wie in Beziehungen.
- Darum dürfen wir sagen: Nur in Beziehungen entfaltet die Liebe ihr tiefstes Geheimnis.

Wenn wir diese beiden Aspekte, das Positive und das Negative, nebeneinander stellen, wird das doppelte Geheimnis von Beziehungen deutlich. Diese beiden Extreme sind nur möglich, weil in Beziehungen nicht nur menschliche, sondern auch geistige Kräfte wirken – Wesen also, die nicht in einem Körper auf der Erde leben, sondern in der geistigen Welt ihr Zuhause finden – die „Engel des Lichtes" und die „Geschöpfe der Finsternis".

Wenn wir dies im Blick behalten, können wir allmählich verstehen, warum es so wichtig ist, beständig an einer guten Atmosphäre in all unseren Beziehungen zu arbeiten; denn sobald in einer Beziehung die Liebe stirbt, ist diese Beziehung nicht mehr Kanal für die guten geistigen Kräfte. Wo jedoch die Engel des Lichtes uns verlassen, sind die dunklen geistigen Wesen in Scharen zur Stelle, um ihren Platz einzunehmen und über diese Beziehung – diesen Kanal – ihre dunkle, vernichtende Auswirkung auf das Leben auf Erden wirken zu lassen.

Wer dies versteht, wird erkennen, dass unser voller Einsatz für Beziehungen, all unsere Geduld, all die Stunden, in welchen wir in der Stille kämpfen, um uns zu wehren, um in Beziehungen immer wieder rein und aufrecht dastehen zu können, wichtig sind und gesegnet werden.

Wir können es auch noch anders formulieren: Wenn wir die Erde umgestalten, Heilung bringen und dabei die unverzichtbare Hilfe aus der geistigen Welt herbeirufen wollen, dann gibt es nur einen Weg – in reinen, liebevollen und aufrichtigen Beziehungen zu leben. Dadurch finden die geistigen Mächte des Lichtes einen Kanal, um auf Erden tätig werden zu können.

Zusammenfassend können wir sagen: Die Engel des Lichtes sind immer wieder auf der Suche nach liebevollen Beziehungen, die für sie als Kanal dienen können, um ihre heilende Liebeskraft auf die Erde ausströmen lassen zu können. Je mehr Kanäle sie finden, desto größer wird die Kraft, mit der sie heilend auf das ganze irdische Leben einwirken können. Je mehr Kanäle sie finden, desto besser können sie die Erde in einen Planeten der Liebe umwandeln. Die Engel brauchen uns folglich, um auf Erden ganz konkret wirksam werden zu können. Es ist wirklich eine Zusammenarbeit zwischen Menschen und Engeln, die in unserer Zeit beabsichtigt und von der geistigen Welt gesucht wird. Also ist auch Folgendes wahr – ob wir uns dessen bewusst werden oder nicht: Wir haben auch eine Beziehung zu Engeln!

Die Wunder, die in Beziehungen geschehen

Nun besitzen wir Menschen, gemäß der esoterischen Tradition, nicht nur einen physischen Körper, sondern geistige Körper oder Hüllen, – darunter den *Ätherleib* und den *Astralleib*.[11] Im gängigen Sprachgebrauch werden diese beiden geistigen Körper gemeinsam auch mit dem Begriff „Aura" umschrieben. Der Ätherleib sitzt recht straff um den physischen Körper herum, der Astralleib ist größer und weiträumiger und fällt gleichsam wie ein wallender Mantel an uns (an unserem physischen Körper) herab. Manchmal, wenn wir Angst haben, sitzt der Astralleib etwas enger, er schrumpft sozusagen. Doch wenn wir uns frei und entspannt fühlen, sitzt er etwas lockerer um uns und er dehnt sich aus. Meist nimmt die Aura einen Radius von ungefähr einem Meter rund um unseren physischen Körper ein.

Aufgrund dieser Tatsache wird deutlich, dass unsere geistigen Körper oder Auren einander bei einer Begegnung ganz oft berühren und dabei sogar öfter einmal mitten durch den anderen hindurchlaufen. Doch wo unsere geistigen Körper oder Auren auf eine derartige Weise verbunden werden, ja ineinander laufen, bisweilen sogar ineinander verfließen, findet ein Austausch von Energien statt. Die Energien des einen fließen in den geistigen Körper des anderen über und umgekehrt. Daher finden wir es natürlich manchmal auch schön, dicht bei jemandem zu sitzen, während es uns bei einem anderen Menschen hingegen richtig unangenehm ist. Das rührt daher, weil wir unbewusst, intuitiv, spüren, dass uns die Energie des einen gut, die des anderen jedoch nicht gut tut.

Wenn mehrere Menschen auf der Ebene ihres Höheren Selbst – oder im Geiste Jesu Christi – beisammen sind, verbinden sich alle ihre geistigen Körper miteinander zu einem leuchtenden Ganzen und bilden auf diese Weise gemeinsam einen reinen Kanal für die Engel. Aus der geistigen Welt ist das deutlich zu sehen: Es wird eine Lichtsäule sichtbar, die von der Erde aus weit in die geistige Welt aufsteigt, als Folge einer Versammlung im Geiste Christi. Aus der geistigen Welt wird diese Säule wiederum von den Engeln mit einer Energie durchströmt, die heilend ist, Erkenntnis schenkt und geistige Wachstumskraft verleiht. [12]

Auf diese Weise können bei den Menschen, die in diesem Augenblick geistig untereinander und mit den Engeln verbunden sind, allerhand Wunder geschehen: Wunder der Heilung, das Wunder einer plötzlichen Erkenntnis oder das Wunder des Trostes. Bei diesem letzten Wunder, dem Wunder des Trostes, spürt man, wie aller Kummer und alle Ohnmacht von einem abfallen, um neuer Hoffnung und neuem Vertrauen Platz zu machen. Dieses Prinzip liegt den sogenannten „Heilkreisen" zu Grunde. Durch dieses Ereignis erhalten Menschen auch manchmal plötzlich in ihrer persönlichen Situation eine Erkenntnis und beschließen, jene zu verändern. Es gibt auch Zusammenkünfte, bei welchen Menschen durch neue Hoffnung und neues Vertrauen inspiriert werden.

Doch hier gilt ebenfalls, dass diese Wunder nur dann möglich sind, wenn die Teilnehmerinnen und Teilnehmer des Treffens auch wirklich auf der Ebene des Höheren Selbst beisammen sind und nicht auf der Ebene des Egos, also nicht auf einer Ebene der Angst, beispielsweise vor der Hölle und Verdammnis, oder auf einer Ebene, auf der sie andere Auffassungen verurteilen oder sich selbst besser fühlen als andere.

Wenn Menschen auf der Ebene des Egos beisammen sind, werden gerade die negativen Aspekte – Angst, Unsicherheit, Misstrauen, Eifersucht und Hass – durch die Engel der Finsternis verstärkt, die in diesem Fall das menschliche Beisammensein durchströmen und verdunkeln. Sie sind darauf aus, düstere Gefühle, wie Angst, Vorurteile, das Gefühl, besser zu sein als andere, die Angewohnheit, mit dem Finger auf andere zu deuten oder ähnliche, noch einmal extra tief im Herzen der Menschen zu verankern und wachzurufen.

Empfänglichkeit für die Energien von anderen

Es kommt öfters vor, dass ich Besuch bekomme und während dieses Besuches entsetzlich müde werde. Früher dachte ich dann: „Ich muss heute Abend einmal früher zu Bett gehen. Da ich jetzt offenbar so müde bin, muss ich wohl etwas dagegen unternehmen." Doch sobald der Besuch gegangen und ich ein wenig durch den Garten spaziert war, spürte ich, dass alle Müdigkeit wie weggeblasen war. Nachdem dies einige Male hintereinander passierte, begriff ich, dass ich irgendwie die Müdigkeit des anderen übernahm – und es folglich nicht meine eigene Müdigkeit war, die ich spürte, sondern die des Besuchers.

Seitdem spreche ich es gegenüber dem anderen aus, wenn ich wieder das Gefühl habe, dass ich die Müdigkeit – oder auch etwas anderes – von ihm übernehme: „Kann es sein, dass Sie sehr müde sind? Ich werde plötzlich so müde und habe eigentlich das Gefühl, dass diese Müdigkeit nicht von mir stammt, sondern von Ihnen." Meist scheint das zu klappen. Das will heißen, dass der andere sogleich bestätigt, dass er bereits ein paar Tage lang schlecht geschlafen hat oder ein paar Tage lang spät zu Bett gegangen ist. Das Merkwürdige daran ist, dass die Müdigkeit, die ich spüre, verschwindet, sobald ich dies dem anderen gegenüber ausspreche, als ob ich mich, indem ich es ausspreche, vor der Einwirkung der Müdigkeit des anderen schütze.

Viele Menschen machen heutzutage ähnliche Erfahrungen. Offenbar sind wir, mehr als wir jemals vermutet haben, fähig, allerhand Gefühle vom anderen zu übernehmen, und zwar so, dass es sich anfühlt, als seien es unsere eigenen Gefühle. Laut der esoterischen Tradition funktioniert das auch. Wer in unserer heutigen Zeit geistig in Bewegung kommt und sich seiner selbst und seiner eigenen Innenwelt bewusst wird, fängt umso leichter die Gefühle anderer auf. Das kommt daher, weil unser Astralleib, oder unsere Aura, immer flexibler wird, je mehr wir uns unserer selbst bewusst werden und an uns selbst arbeiten. Je flexibler unser Astralleib wird, desto leichter fangen wir die Gefühle von anderen auf, einfach weil wir uns durch die Geschmeidigkeit unseres Astralkörpers leichter mit dem Astralkörper oder der Aura des anderen verbinden können als früher und dadurch auch leichter auffangen können, was wirklich im anderen vor sich geht.

Wer hingegen geistig nicht in Bewegung kommt, sondern in festgefahrenen Meinungen, Urteilen und Glaubensüberzeugungen verbleibt, ohne diese für sich selbst kritisch zu testen, und wer nicht bereit ist, an sich selbst zu arbeiten, wird gerade das Gegenteil feststellen. Er merkt, dass er immer weniger vom anderen spürt und auffängt, wenn er überhaupt über die entsprechende Empfindsamkeit verfügt, um dies zu bemerken! Das kommt daher, weil die Verhärtung des Astralleibs zur Folge hat, dass wir uns schwieriger mit dem Astralleib des anderen verbinden und folglich auch immer schwieriger auffangen können, was eigentlich im anderen vor sich geht.

Die Kommunikation mit dem anderen ist also ein Spiegelbild dafür, wie ich selbst mit mir umgehe. Strebe ich nach Reinheit und geistigem Wachstum, dann wird mein Astralleib beweglich, und mir wird dadurch bewusster als vorher, was im anderen lebt. Arbeite ich nicht an mir selbst und erhalte ich daher auch keine ehrliche Erkenntnis über mich selbst, werde ich immer weniger spüren und wissen, was im anderen vor sich geht.

Miteinander das Bett teilen

Wenn zwei Menschen im gleichen Bett schlafen und folglich die Nacht dicht nebeneinander verbringen, findet während dieser Nacht ein Austausch von Energien zwischen den beiden geistigen Körpern oder ihren Auren statt. Sind diese beiden Menschen durch eine reine, aufrichtige Liebe miteinander verbunden, so werden sie jede Nacht zum Kanal für die guten Engel des Lichtes. Hegen sie jedoch Groll, Neid, Zorn oder Sonstiges gegeneinander und liegen mit diesen trübsinnigen, unausgesprochenen Gefühlen nebeneinander, dann werden sie in dieser Nacht zum Kanal für die dunklen Wesen, die sich auf Erden in allem, was nur negativ ist, ausleben. In Liebe nebeneinander zu schlafen, sorgt dafür, dass wir erfrischt und ausgeruht, erfüllt von positiven Gedanken, aufwachen. Doch voller Groll und Verbitterung nebeneinander zu liegen, sorgt dafür, dass wir müde aufwachen, als ob wir die ganze Nacht lang hart gearbeitet hätten. Außerdem werden unser Groll oder unsere Eifersucht noch tiefer gefestigt und noch stärker in unserem Herzen verankert; es wird noch schwieriger, davon loszukommen und diese düsteren Gefühle zu überwinden.

Daher ist es ganz verständlich, dass es eine alte Volksweisheit ist, sich nicht eher schlafen zu legen, bevor man nicht wieder alles miteinander bereinigt hat: „Lass' die Sonne nicht über deinem Zorn untergehen", lautet der Spruch.[13] Gelingt es nicht, die Sache vor dem Schlafengehen zu bereinigen, lassen Sie einen von beiden im Gästezimmer schlafen! Damit vermeiden Sie, dass Sie durch jenes Beisammensein im Groll während der Nacht ein Kanal für die Wesen der Dunkelheit werden.

Einblick in die Art und Weise, wie die wortlose Kommunikation zwischen Menschen verläuft, nämlich über den Austausch zwischen unseren geistigen Körpern, einen Austausch, der außerdem noch durch die Engel verstärkt wird, macht uns vorsichtiger im Umgang untereinander und mit uns selbst. Durch diese Einsicht erhalten wir nämlich ein tieferes Verständnis dafür, was alles auf dem Spiel steht, wenn wir mit uns selbst und anderen unvorsichtig umgehen.

Kein größeres Geschenk

Beziehungen verändern sich und wachsen,
Genau wie Menschen.
Sie beginnen oft unbefangen,
Rein wie ein Kind.

Doch später, wenn die Pubertät
Dieser Beziehung anbricht,
Weicht die Spontaneität
Und macht Platz für Eigensinnigkeit,
Reizbarkeit und Verärgerung.

Noch später, wenn die Beziehung
Den richtigen Weg
Durch die Pubertät gegangen ist,
Erwerben beide Partner
Freiheit in der Beziehung,
Respekt füreinander
Und gehen
Auf einer Ebene, auf der beide gleichwertig sind,
Miteinander um.

Das funktioniert natürlich nur,
Wenn beide Partner
Auch selbst bereit sind zu wachsen
Und den Mut haben,
Sich von ihrem Ego zu lösen.

Wer diesen Mut aufbringt,
Der wird erfahren,
Wie sehr eine Beziehung auch tatsächlich
Eine Schule fürs Leben sein kann.

Eine Beziehung ist immer
Ein kostbares Geschenk,
Eine Möglichkeit zu wachsen –
Durch die Freude und durch den Kummer,
Durch die Liebe und durch die Einsamkeit,
Die man darin erfährt.

So machen uns Beziehungen
Zu dem, der wir in unserem tiefsten Inneren sind.
Ein größeres Geschenk
Als dieses – gibt es nicht.

V. Auch Beziehungen wachsen, nicht nur wir Menschen

Wachstum und Entwicklung einer Beziehung

Beziehungen bleiben nicht von allein kreativ, man muss viel Zeit und Einsatz investieren, um sie auch wirklich in diesem guten Zustand zu bewahren. Meist geht es so, dass am Anfang einer Beziehung alles nach dem Motto „Friede, Freude, Eierkuchen" verläuft. Beide Partner finden einander endlich und sagen, dass man keinen besseren Partner/Freundin/Freund finden kann als denjenigen, dem man soeben begegnet ist. Doch nach einiger Zeit beginnt sich diese Begeisterung meist ein wenig zu legen. Es ergeben sich in der Beziehung Enttäuschungen und kleine Reibereien, und beide Partner werden sich langsam auch der dunkleren Seiten des anderen bewusst. Die frühere Begeisterung oder Verliebtheit kann auf lange Sicht sogar ins Gegenteil umschlagen, in eine Atmosphäre, die geprägt ist von Vorwürfen, Zorn oder bitterer Enttäuschung. In diesem Moment ist die Beziehung in Gefahr; wenn beide Partner nicht fähig sind, sich auf gute Weise für die Wiederherstellung und Erneuerung der Beziehung einzusetzen, ist ihr Ende nahe.

Besser ist es natürlich, nicht zu warten, bis die anfängliche Begeisterung ins Gegenteil umschlägt, sondern sich von Anfang an der Schwierigkeiten und Reibereien bewusst zu sein, die in jeder Beziehung unwiderruflich zu Tage treten. Jede Beziehung, ohne irgendeine Ausnahme, wächst und verändert sich und macht irgendwann folglich auch schwierige und stürmische Zeiten durch. Dieses Wachstum und diese Veränderung müssen überhaupt nichts Negatives sein, ganz im Gegenteil: Jede Verwandlung oder Veränderung der Beziehung bewirkt letztendlich eine Vertiefung und hebt die Beziehung auf ein höheres Niveau, zumindest wenn wir mit jenem Prozess der Veränderung und folglich auch mit den Schwierigkeiten, die damit verbunden sind, auf die richtige Weise umzugehen wissen.

Seltsamerweise sind wir uns zwar meist sehr wohl der Tatsache bewusst, dass ein Mensch wächst, sich verändert und allerlei Verwandlungsprozesse durchmacht; doch dass auch eine Beziehung vielerlei Wachstumsphasen durchläuft, ist für die meisten von uns etwas, dessen wir uns kaum oder gar nicht bewusst sind. Dennoch würde es uns, wenn wir etwas mehr Aufmerksamkeit auf den Wachstumsprozess richteten, leichter fallen, Beziehungen nicht nur gut zu beginnen, sondern auch gut weiterzuführen.

Natürlich ist jede Beziehung, wie jeder Mensch auch, einzigartig. Folglich ist auch die Entwicklung, die jede Beziehung durchläuft, einzigartig. Doch neben dieser Einzigartigkeit gibt es bei der Entwicklung einer Beziehung auch bestimmte feste Muster zu entdecken, Muster, die ganz gut vergleichbar sind mit dem Wachstum und der Entwicklung eines einzelnen Menschen. Margarete van den Brink hat diese Entwicklung in ihrem Buch „Spirituelle Entwicklung von Mensch und Organisation in sieben Phasen"[14] treffend beschrieben. Eine ausführliche Darlegung dieser sieben Phasen führte im Rahmen dieses

Buches zu weit. Doch um ein wenig Einblick in die Tatsache zu vermitteln, dass eine Beziehung einem fortwährendem Wachstum und beständiger Entwicklung unterliegt, möchte ich im Folgenden eine kleine Facette dieses Wachstums in vier Schritten andeuten. Derjenige, der ein sicheres Gespür für dieses Wachstum entwickelt, kann die inneren Aufgaben, die mit diesem Wachstum verbunden sind, auf sinnvolle Weise erfüllen und die Beziehung auf diese Weise am Leben erhalten. Wollen wir daher diese vier Schritte einmal kurz der Reihe nach betrachten.

Die Verwandlung der Beziehung

- Ein Mensch ist während der ersten Zeit nach seiner Geburt noch ganz stark eins mit seiner Mutter: Wo die Mutter ist, da ist auch das Kind. Das Kind kann anfangs noch nicht sprechen und auch noch nicht „ich" sagen – es ist völlig abhängig von der Mutter und bildet mit der Mutter eine untrennbare Einheit.

- Man kann, wenn man hierüber nachdenkt, die erste Phase einer Beziehung – die Phase der Verliebtheit oder der kritiklosen Begeisterung für den anderen – ganz gut mit der frühesten Kindheit eines Menschen vergleichen. Während der ersten Phase der Beziehung ist der andere das „Ein und Alles". Die Verliebten fühlen sich als eins und sprechen meist in der „Wir-Form" und nicht in der „Ich-Form": Sie fühlen sich mehr als „wir" denn als „ich", oder sie erleben mehr die Einheit, statt sich als isoliertes Individuum zu erfahren. Die Verliebten finden es nämlich schwierig, voneinander getrennt zu sein und wollen nur eines – zusammen sein oder zusammen auf einer rosaroten Wolke schweben. Der Beginn eines Menschenlebens und der Beginn einer Beziehung scheinen also starke Parallelen aufzuweisen.

Wenn wir etwas weiter blicken, sehen wir Folgendes: Nur ganz langsam lernt das kleine Kind zu sprechen und „ich" zu sagen. Kurz danach durchläuft es die erste Trotzphase und beginnt vorsichtig, sein eigenes Wesen zu entdecken. Wer Beziehungen genau betrachtet, erkennt, dass sich einige Zeit nach der ersten Verliebtheit in der Beziehung allmählich kleine, noch unauffällige Risse und Sprünge zeigen, die gleichsam ein Spiegelbild des „Ich-sagen-Lernens" des Kindes, der Trotzphase und der langsamen Entdeckung seines eigenen Wesens sind. Beide Partner beginnen nämlich, sich etwas mehr ihrer selbst bewusst zu werden und sagen nicht mehr nur „wir", sondern beginnen auch, „ich" zu sagen und sich folglich etwas mehr voneinander abzugrenzen, was häufig kleinere und größere Reibereien verursacht. So sehen wir, dass die anfängliche ungeteilte Einheit, die rosarote Wolke, immer mehr angetastet wird. Dies ist eine Entwicklung, die unausweichlich ist, denn ebenso wenig wie ein Kind ewig Kind bleiben kann, kann eine Beziehung ewig eine rosarote Wolke bleiben. Das Prinzip des Lebens ist ja Wachstum und Entwicklung.

- Die zweite große Phase in der Beziehung könnte man mit der Pubertät eines Kindes vergleichen. In der Pubertät erwacht das eigene Denken des Kindes. Der Pubertierende beginnt, eigene Auffassungen und Meinungen zu entwickeln, durchläuft erneut eine Trotzphase, jetzt jedoch eine viel heftigere, und beginnt, sich von den Eltern (noch mehr) zu lösen. Wenn man diese Entwicklung des Menschen in Augenschein nimmt und Beziehungen von diesem Standpunkt aus betrachtet, entdeckt man, dass man auf ein und dieselbe Weise von der „Pubertät einer Beziehung" sprechen könnte. Nehmen Sie folgendes Beispiel: Die Pubertät einer Beziehungen bricht an, wenn sich der eine über die Socken ärgert, die der andere jeden Morgen neben dem Bett liegen lässt, und der andere über die Telefonrechnungen auf Grund der langen Gespräche des Partners. Wenn die Pubertät anbricht, beginnen sich allerhand Reibungen in der Beziehung zu zeigen. Das kommt daher, weil wir in dieser Phase nicht mehr alles vom anderen kritiklos schlucken, sondern beginnen, immer stärker auf unsere eigenen Impulse, Erkenntnisse und Auffassungen zu lauschen. Während der Pubertät einer Beziehung lernen beide Partner, in der Beziehung auch immer deutlicher „ich" anstelle von „wir" zu sagen und sich selbst und ihre persönliche Eigenart innerhalb der Beziehung zu entdecken. Es ist, wie ich hoffe, deutlich geworden, dass ich mit diesen wenigen Sätzen einen Prozess zusammenfasse, der über Jahre geht. Es dürfte ebenfalls deutlich sein, dass ein derartiger Prozess nicht ohne Reibungen, Kollisionen und Konflikte verläuft. Die zweite große Phase des Wachstums und der Entwicklung einer Beziehung spiegelt folglich das Wachstum vom „wir" zum „ich" innerhalb dieser Beziehung wider.

- Die dritte Phase in der Beziehung kann man als die große Verwandlung betrachten. Die Pubertät, die der junge Mensch durchläuft, bewirkt letztendlich eine tiefgreifende Verwandlung, die ihn zu demjenigen macht, der er eigentlich ist. So läuft auch die Pubertät einer Beziehung auf die große Verwandlung hinaus. Doch was bedeutet diese Verwandlung einer Beziehung eigentlich? Diese beinhaltet Folgendes:

- Dass man seinen Ärger und seine Reizbarkeit nicht versteckt und hinunterschluckt, sondern lernt, auf ruhige Weise darüber zu reden.

- Dass man lernt, gemeinsam nach Art eines Erwachsenen eine Lösung für derartige Reibereien zu suchen. Ganz konkret bedeutet es, dass man beispielsweise lernt, ruhig über die Socken neben dem Bett und die Frage zu sprechen, wie man in Zukunft damit umgeht. Ist der eine bereit, diese jeden Morgen in den Wäschekorb zu werfen, oder ist der andere bereit, einfach keinen Anstoß an diesen Socken zu nehmen? Oder gibt es vielleicht eine andere Lösung?

- Die Verwandlung der Beziehung beinhaltet auch, dass man lernt, über die Höhe der Telefonrechnung zu sprechen und folglich auch über die Frage, wie man gemeinsam mit den vielen Telefongesprächen umgeht, die in den Augen des einen Partners deutlich die Grenzen sprengen. Eine Aufgabe dabei besteht darin, gemeinsam – mit Humor anstelle von Ärger – eine Lösung für dieses Problem zu suchen.

- Ein solches Gespräch unter Erwachsenen kann nur stattfinden, wenn keiner von beiden Partnern beginnt, sich zu verteidigen: *Wer sich selbst verteidigt, hört nicht wirklich auf den anderen und macht eine Lösung unmöglich.*

- Außerdem ist es möglich, Bereitschaft zu zeigen, ganz offen zu sprechen. Die Suche nach einer Lösung ist immer eine Frage des Gebens und des Nehmens.

- Vielleicht ist die allerwichtigste Regel die Folgende: Es geht darum zu lernen, Probleme in der Beziehung (die Socken, die Telefonrechnung usw.) als gemeinsames Problem zu betrachten und folglich nicht als etwas, was der eine dem anderen zum Vorwurf macht. Gemeinsam haben wir ein Problem (der eine ärgert sich über die Socken neben dem Bett, der andere hat keine Lust, sie aufzuräumen), und gemeinsam müssen wir eine Lösung für dieses Problem finden. Nur wenn man wirklich, von innen heraus, aus dem Herzen, davon überzeugt ist, dass es sich hier um ein gemeinsames Problem handelt, für das man auch zusammen eine Lösung finden muss, findet man einen Ausweg aus der Ebene des Ärgers und kommt auf der Ebene des gerechten Kompromisses klar.

Es wird deutlich, dass ein solcher Verwandlungsprozess den Betroffenen schon das eine oder andere abverlangt. In dieser Atmosphäre, in der man miteinander spricht, überlegt und nach Lösungen sucht, sind wir nämlich von jener rosaroten Wolke, mit der die Beziehung ursprünglich begann, ziemlich weit weggedriftet. Außerdem bringt ein Verwandlungsprozess etliche Unsicherheiten, Veränderungen und Unannehmlichkeiten mit sich, die den Betroffenen einiges abfordern. Doch wer durchschaut, dass diese Pubertät der Beziehung, und folglich dieser Verwandlungsprozess, unausweichlich ist, wird vielleicht die Bereitschaft aufbringen können, diesen gut zu durchlaufen. Wer dann auch noch weiß, dass diese Verwandlung letztendlich für die Beziehung eine enorme Vertiefung bedeuten kann, kann vielleicht sogar dieselbe komplizierte Phase der Verwandlung mit einer Prise Humor und persönlichem Einsatz durchstehen. Er wird dann imstande sein, diese Verwandlung auf positive Weise zu durchleben.

- Der Gewinn, den diese Verwandlungsphase der Beziehung letztendlich bringen kann, ist eine gegenseitig Annäherung in wachsender Freiheit, in Respekt und Gleichberechtigung. Fragt man Ehepaare, die bereits fünfzig Jahre oder länger zusammenleben, nach dem Geheimnis ihrer Beziehung, so hört man sie meist Begriffe wie Freiheit und Respekt nennen. Doch gerade diese Werte eignen sich die beiden Partner vor allem während der Pubertät ihrer Beziehung an; denn der Beginn einer jeden Beziehung bedeutet ja, wie wir gesehen haben, alles so weit wie möglich gemeinsam zu tun und „wir" zu sagen anstelle von „ich". Doch selbstbewusst zu sein und sich aus vollem Respekt und in Liebe mit dem anderen zu verbinden – das lernt man nur durch die große Verwandlung in der Beziehung.

Die Verwandlung der Beziehung bringt auch ein Wachstum der Partner mit sich

Mit diesen vier Schritten beleuchte ich nur einen kleinen Bruchteil der großen Entwicklungsprozesse, die jede Beziehung durchläuft. Wer sich über diese Entwicklungen in aller Ruhe und im Detail informieren möchte, den verweise sich gern auf das oben genannte Buch von Margarete van den Brink.

Das Erstaunliche am Wachstum und an der Verwandlung einer Beziehung ist die Tatsache, dass auch die beiden Partner selbst in der Beziehung eine Verwandlung durchlaufen, und zwar eine Umformung, die sie aus ihrem Ego heraus und in die Kraft ihres Höheren Selbst bringt. Ich kann es auch anders formulieren: *Die Verwandlung der Beziehung ist nur möglich, wenn beide Partner bereit sind, an sich selbst zu arbeiten und den Weg weg vom Ego hin zu ihrem Höheren Selbst zu gehen.* Wenn man lernen muss, seinen Ärger loszulassen und ihn nicht dem anderen vorzuwerfen, sondern es zu ermöglichen, die Situation in aller Ruhe zu besprechen, so erfordert dies eine Überwindung zahlreicher Ego-Kräfte. Man muss hierfür beispielsweise innerlich stärker werden als all die dunklen Gefühle der Wut, des Ärgers und der Verletzlichkeit. Man muss lernen, sich von diesen Gefühlen nicht mitreißen zu lassen, sondern über diesen Gefühlen zu stehen, und dies auch noch, ohne sie zu verdrängen. Man muss auch imstande sein, in aller Ruhe auf die Aggressionen zu achten, die man selbst beim anderen auslöst. Man muss fähig sein, auf den anderen zu hören, ohne sich selbst zu verteidigen.

Dies sind keine Kleinigkeiten, die in einer Beziehung vom Partner gefordert werden. Deswegen gehen auch so viele Beziehungen in die Brüche, weil einer von beiden oder vielleicht auch beide Partner nicht fähig sind, die innere Größe aufzubringen, die ich soeben beschrieben habe. Wenn man in den Vorwürfen, den Ärgernissen und der Selbstverteidigung verhaftet bleibt, ohne es zu wagen, sich selbst ehrlich und kritisch zu betrachten, dann geht es nicht anders – und die Beziehung scheitert letztendlich. Doch wer es mit viel Hinfallen und Wiederaufstehen lernt, aus den eigenen egoistischen Gefühlen auszusteigen, gibt damit der Beziehung eine neue Chance und wächst innerlich auch selbst. So werden Beziehungen folglich zu einer Schule des Lebens.

Die Kraft des Höheren Selbst

Das innere Wachstum, das die Herausforderung einer Beziehung in uns bewirkt, besteht folglich aus einer geistigen Entwicklung, die uns von der Ebene des Egos auf die Ebene des Höheren Selbst bringt. Auf der Ebene des Höheren Selbst zu leben, bedeutet ganz konkret Folgendes:

- Das Höhere Selbst verteidigt sich niemals, sondern hört immer offen und unbefangen zu, auch wenn der andere Kritik an uns übt.
- Das Höhere Selbst ist bereit, nach einer guten Möglichkeit zu suchen, um mit Ärgernissen umzugehen und dafür eine Lösung zu finden.
- Das Höhere Selbst bleibt nicht in verschiedenen Gefühlen der Verletztheit haften, sondern sucht nach der Botschaft, die negative Gefühle uns übermitteln möchten.
- Das Höhere Selbst ist bereit, sich selbst zurückzunehmen und dem anderen Raum für dessen Eigenheiten zu geben.
- Das Höhere Selbst hat so viel Selbstvertrauen, dass es den anderen als Schutzschild und Absicherung nicht nötig hat.
- Das Höhere Selbst ist imstande, immer wieder aufs Neue das Besondere am anderen zu sehen und zu entdecken, ganz gleich, welche Ärgernisse auch auf anderer Ebene bestehen mögen.

- Das Höhere Selbst existiert auf einer Ebene des Respekts für alles und jeden, der lebt. Es hat Ehrfurcht vor dem Leben und kennt Dankbarkeit und Bescheidenheit.

Es dürfte deutlich sein, dass nur geistiges Wachstum, das uns vom Ego weg auf die Ebene des Höheren Selbst bringt, gegenseitige Freiheit, wechselseitigen Respekt und Gleichberechtigung für beide in einer Beziehung ermöglicht. Das sind die großen, beeindruckenden Geschenke in einer Beziehung, in der beide Partner bereit gewesen sind, aneinander und an der Beziehung zu wachsen.

Wahre Schönheit

Wer an sich selbst glaubt,
Ist imstande, andere zu erkennen
Und in ihrem Wert zu bestärken.

Wer selbstbewusst und überzeugt von sich selbst ist,
Kann anderen Freiheit schenken,
Denn er ist nicht von ihnen abhängig.

Wer sich selbst mit Respekt betrachten kann,
Erkennt die wahre Schönheit des Anderen.

VI. Das Bild vom Anderen
und die eigenen Erwartungen

An sich selbst arbeiten

Eine Beziehung wächst und verändert sich. Dadurch wachsen
und verändern sich auch die Partner, wie wir im vorangegangenen Kapitel gesehen haben. Doch es funktioniert auch umgekehrt: Indem man an sich selbst arbeitet, ermöglicht man das
Wachstum und die Entwicklung einer Beziehung. *Das Besondere an unserer Zeit zeigt sich auch daran, dass wir uns der
Tatsache bewusst geworden sind, dass es in der Tat möglich
ist, sich für eine Beziehung einzusetzen, indem man an sich
selbst arbeitet.* In uns leben ja mancherlei (egoistische) Gefühle und Charakterzüge, die auf eine Beziehung einen stö-
renden Einfluss nehmen können – unsere Ängste, unsere Eifersucht und unsere Abhängigkeit. Es geht darum, dass wir uns
dieser Gefühle und Charakterzüge bewusst werden und bereit
sind, daran zu arbeiten, sie umzuformen. Die Frage lautet natürlich, wie wir an uns selbst arbeiten können und müssen und
wie die stille, disziplinierte Arbeit an uns selbst das Wachstum der Beziehung ermöglichen kann. Um eine Antwort auf
diese Frage zu finden, möchte ich in diesem Kapitel drei Regeln nennen, die uns Einblick in die Art und Weise geben können, wie wir eine Beziehung lebendig halten und davor bewah-

ren können, dass sie in die falsche Richtung läuft. Wir werden außerdem feststellen, dass diese drei Regeln auch gleich noch diverse Anweisungen dafür enthalten, wie wir an uns arbeiten müssen.

Regel 1: Erwarten Sie nicht zu viel voneinander

Die erste Regel, derer sich jeder von Anfang an bewusst sein muss, lautet, dass man vom anderen nicht zu viel erwarten darf. Meist kommt es vor, dass zwei Menschen, die sich ineinander verlieben, das Gefühl haben, dass nun endlich das große Glück beginnt. Nun ist für sie der Himmel auf Erden da, und es gibt jetzt jemanden, der sie auf Händen trägt und vor allem Leid in dieser Welt schützt. Vom anderen wird nun wirklich alles erwartet: Nicht nur das höchste Glück, Wärme und Liebe, sondern auch Schutz vor Unrecht, Gefahr, Ablehnung, Verleugnung usw. Der andere wird gleichsam als Prinz oder Prinzessin auf dem weißen Pferd betrachtet.

Nun ist das Bild vom *weißen Reiter* ja ein uraltes Symbol. Es kommt in Legenden, Mythen und Märchen vor und hat eine ganz besondere Bedeutung. Das *Pferd* symbolisiert unsere Triebe und Emotionen.[15] Das Pferd ist *weiß* – das bedeutet, dass die Triebe und Emotionen gereinigt und in positive Lebenskräfte verwandelt worden sind. Außerdem hat der *Reiter* das Pferd gut im Griff, hat also die Meisterschaft über die Kräfte des Egos errungen. Das bedeutet, dass sich der Betreffende folglich niemals mehr von Gefühlen des Zorns, der Wut, des Kummers oder der Ohnmacht hinreißen lässt, sondern vollkommen darüber steht. Diese Person wird folglich auch niemals böse, was auch immer man treibt, sondern sagt höchstens einmal in aller Ruhe und mit einem ganz freundlichen Gesicht: „Eigentlich bin ich ein bisschen wütend." Ist Ihr soeben gefundener Partner (oder Freundin/Freund oder Bekannter) auch solch eine Prinzessin oder ein Prinz auf dem weißen Pferd, dann haben Sie einen Hauptgewinn in der Lotterie gezogen – solche Menschen sind nämlich äußerst rar.

Leider kommen Sie irgendwann früher oder später selbst dahinter, dass der andere doch nicht so vollkommen ist, wie Sie dachten, und doch nicht so ganz über seinen Trieben und Emotionen steht – und an diesem Punkt beginnt die Enttäuschung. Folglich ist es besser, sich von Anfang an bewusst zu machen: „Wie ich den anderen jetzt gerade erlebe und sehe, ist noch nicht die ganze Wirklichkeit. Er hat sicherlich auch noch andere, dunklere Seiten. Ich sehe ihn im Augenblick durch eine rosarote Brille, doch bald werde ich ihn so sehen, wie er wirklich ist." Wiegen Sie sich daher nicht selbst in falscher Sicherheit bei dem Gedanken, dass diese rosarote Welt die Wirklichkeit widerspiegelt, denn das tut eine rosarote Welt niemals. Eine gewisse Nüchternheit ist in dieser Anfangsphase sehr willkommen, eine Nüchternheit, die uns auf die Zeit vorbereitet, in der wir auch die weniger netten Seiten des anderen zu entdecken beginnen. Eine solche Vorbereitung macht es später um einiges leichter, mit diesen dunkleren Seiten des anderen gelassen umzugehen.

1. Beispiel

Erwarten Sie nicht zu viel vom anderen – um diese Aussage noch etwas näher zu beleuchten, möchte ich gern zwei Beispiele anführen. Das erste Beispiel begegnete mir häufiger in Gesprächen mit Paaren.

Es kommt regelmäßig vor, dass in einer Beziehung eines Tages einer der beiden Partner mit altem Schmerz konfrontiert wird – alte, schmerzhafte Jugenderinnerungen lassen sich nicht mehr verdrängen, tauchen langsam auf und beginnen, in der Seele herumzugeistern. Wenn dies geschieht, bricht immer eine chaotische Lebensphase an. Die alten Emotionen scheinen nämlich viel heftiger zu sein, als man anfänglich vermutete, und beginnen, die innere Ruhe immer stärker zu stören. In solch einem Moment sucht der Betreffende natürlich in erster Linie Hilfe und Unterstützung beim Partner (oder bei der Freundin/beim Freund oder Bekannten) – und natürlich kann dieser auch das eine oder andere auffangen. Doch der andere kann niemals die Rolle eines Therapeuten oder Psychiaters spielen, eine Rolle, in die er schnell und unbemerkt hineinzurutschen droht. Wer von diesen alten, unterdrückten Gefühlen gepeinigt wird, erwartet nämlich Verständnis, und je heftiger sich diese alten Erinnerungen melden, desto größer wird das Bedürfnis nach Verständnis, Aufmerksamkeit und Unterstützung. Das geht häufig so weit, dass die Beziehung sich irgendwann nur noch um die Probleme des Betreffenden dreht, der mit dieser (Jugend-) Problematik konfrontiert ist. Damit gerät die Beziehung aus dem Gleichgewicht; denn der eine schenkt nur noch Aufmerksamkeit, der andere nimmt diese nur noch. Natürlich ist auf lange Sicht keine Beziehung einem solchen

Ungleichgewicht gewachsen. *In einer Beziehung müssen Geben und Nehmen einigermaßen gleich verteilt sein. Wo der eine immer nur gibt und der andere immer nur nimmt, zerbricht eine Beziehung letztendlich.*

Im obigen Beispiel ist es wichtig, rechtzeitig einen Berater einzuschalten; denn in der Beziehung mit einem Therapeuten darf der Klient fortwährend der Fragende sein. Die Rolle des Therapeuten ist es dann, immer der Gebende zu sein – derjenige, der zuhört, versteht und die richtigen Fragen stellt, die zur Erkenntnis führen können. Doch diese Rollenverteilung ist nur möglich, weil in der Beziehung zwischen Therapeut und Klient der Therapeut für dieses Zuhören bezahlt wird, und weil diese Beziehung auf vorher festgelegte Stunden beschränkt ist.

Erwarten Sie nicht zu viel von Ihrem Partner: Er ist kein Psychiater oder Therapeut. Wenn Sie geistige Hilfe benötigen, können Sie diese nur in beschränktem Maße von Ihrem Partner erwarten. Die wirkliche Hilfe bei geistigen Problemen können Sie bei Heilpraktikern erhalten. Von Ihrem Partner (und/oder Freundinnen, Freunden und guten Bekannten) können Sie Liebe, Wärme und Vertrauen erwarten – und das sind in einer schwierigen Zeit Geschenke, auf die man nicht verzichten möchte!

2. Beispiel

Als ich noch als Pfarrer im Krankenhaus mit schwerkranken und sterbenden Kindern arbeitete, habe ich dabei unter anderem miterlebt, wie Eltern auf den Verlust ihres Kindes reagierten. Bis heute bin ich davon tief berührt. Der Tod eines Kindes ist für mich eine der kummervollsten Erfahrungen, die ein Mensch durchleben muss. In jener Zeit habe ich auch festgestellt, dass es für beide Eltern manchmal – nicht immer! – ganz schwer, wenn nicht unmöglich ist, einander zu trösten. Sie gehen oft ganz unterschiedlich mit dem Kummer um und können daher in dieser schwierigen Zeit weder beieinander Trost finden noch diesen dem anderen spenden. Die Zahl der Scheidungen nach dem Verlust eines Kindes liegt folglich auch um ein Beträchtliches über dem Durchschnitt.

Um von dieser kummervollen Situation ein Bild zu skizzieren: Oft geschieht es, dass der Vater sich nach dem Tod seines Kindes in seine Arbeit vergräbt und nicht über das verstorbene Kind und über den Kummer, den er mit seiner Frau durchlitten hatte und noch immer durchleidet, sprechen will oder kann. Viele Männer haben nun einmal eine tiefe Angst vor Emotionen. Die Mutter hat hingegen oft ein starkes Bedürfnis, immer wieder über ihr verstorbenes Kind zu sprechen: „Weißt du noch, damals, als ...?" Sie möchte die Geschichte erzählen können, die Fotos anschauen und immer wieder Erinnerungen auffrischen. Mit diesen Geschichten und Erinnerungen ist ihr Kind sozusagen wieder einmal ganz dicht bei ihr.

Diese beiden verschiedenen Arten der Trauerbewältigung – die beide legitim sind! – sind so unterschiedlich, dass Vater und Mutter in einer solchen Zeit einander emotional nicht mehr erreichen können. Den Trost, den diese beiden so nötig haben, müssen sie folglich auch bei anderen suchen, denn sie finden ihn nicht beieinander. Es ist verständlich, dass in dieser Phase die Beziehung zwischen beiden Elternteilen gehörig unter Druck geraten kann und nur dann intakt bleibt, wenn zwischen ihnen ein ganz tiefes Band gewachsen ist, das standhält, auch wenn in dieser Phase ihrer Beziehung, geistig gesehen, jeder von ihnen einen eigenen Weg geht und sie einander dabei loslassen müssen.

Viele Väter und Mütter eines verstorbenen Kindes fühlen sich vom anderen im Stich gelassen. Gerade jetzt, da sie sich so wund und betrübt fühlen, gerade jetzt stehen sie allein und der andere ist nicht für sie da. Selbst wenn sie das vom Kopf her oft ganz gut begreifen, fühlen sie sich auf emotionaler Ebene manchmal doch voneinander im Stich gelassen. Dieses Gefühl führt häufig zu einem definitiven Bruch in ihrer Beziehung. Nicht alle Eltern eines verstorbenen Kindes erkennen sich natürlich in diesem Bild. Doch es kommt recht häufig vor.

Auch an diesem Beispiel können wir lernen, dass wir nicht zu viel vom anderen erwarten dürfen. Es gibt Situationen und Erfahrungen, die man ganz allein durchleben muss, auch wenn man einen Partner hat. Der andere ist nämlich keine Garantie gegen Einsamkeit und Kummer. Beinahe jeder geht einmal durch eine Phase tiefer Einsamkeit hindurch, auch wenn er in einer Beziehung lebt. In unserer heutigen Zeit beginnen wir selbst zu entdecken, dass solche Phasen der Einsamkeit uns auch etwas bringen können – dass wir uns nämlich in der Einsamkeit tiefer mit unserem eigenen Wesenskern und der geistigen Welt verbunden fühlen. „Wenn man sich so allein fühlt", sagten verschiedene Eltern zu mir, „spürt man, dass Hilfe von unerwarteter Seite – aus der geistigen Welt – möglich ist. Doch dann muss man erst einmal durch die Einsamkeit hindurch, um sich dieser Hilfe bewusst zu werden." Manche spürten in dieser Einsamkeit auch die starke Anwesenheit ihres verstorbenen Kindes und erhielten dadurch eine ganz andere Vorstellung vom Tod. Sie spürten, dass der Tod nicht das Ende ist, sondern der Übergang in ein anderes, höheres Leben. So kann Einsamkeit auch etwas schenken, wenn man den Mut hat, diese zu durchschreiten.

„Erwarten Sie nicht zu viel vom anderen" – das gilt auch für neue Arbeitskollegen, für einen neuen Freund oder eine neue Freundin. Oft sind wir anfangs ganz enthusiastisch und stimmen für den anderen dauernd Lobeshymnen an. Doch genau aus diesem Grund kann der andere uns auch so enttäuschen und die anfängliche Begeisterung ins Gegenteil umschlagen. Wer sich dieser *rosaroten Brille* bewusst ist, durch die wir den anderen, wenn wir ihm zum ersten Mal begegnen, betrachten, der ist gewarnt und erschrickt später nicht mehr so sehr, wenn sich andere, weniger reizende Seiten zeigen.

Der umgekehrte Fall trifft ebenfalls zu: Wenn wir auf den ersten Blick einen ganz negativen Eindruck von einem Menschen haben, dürfen wir uns bewusst sein, dass auch dieser negative Eindruck oft einseitig ist und wir in der Zukunft wahrscheinlich noch andere, um einiges schönere Seiten an ihm entdecken werden. In diesem Fall geht es nicht um eine rosarote Brille, sondern um eine Brille mit getönten Brillengläsern. Gönnen Sie sich daher bei jeder Begegnung den entsprechenden Raum und die Zeit, um zu einem anderen, wahrscheinlich etwas verlässlicheren, detaillierteren Bild des anderen zu kommen.

Regel 2: Lassen Sie dem anderen seine Freiheit und manipulieren Sie ihn nicht mit Erpressung, Macht oder moralischem Druck

Eine der wichtigsten Regeln für eine Beziehung lautet, dass wir lernen müssen, dem anderen seine Freiheit einzuräumen und ihn darin nicht zu beschränken. Wir dürfen den anderen auch nicht unter Druck setzen und ebenso wenig erpressen. Gerade in unserer heutigen Zeit ist diese Haltung von entscheidender Bedeutung für das Gelingen einer Beziehung. Freiheit ist nämlich notwendig, um den Weg nach innen gehen zu können und zu lernen, auf unsere innere Stimme, unser Gewissen oder unser Höheres Selbst zu hören. Wir kommen aus einer Zeit und einer Evolutionsphase, in der wir vor allem lernen mussten, uns anzuhören, was andere uns als rechtmäßig oder sinnvoll vorschrieben. Doch nun, in dieser besonderen Zeit, dürfen wir diese äußeren Autoritäten mehr und mehr loslassen, um in unserem eigenen Inneren die Autorität zu finden, die uns zeigt, wie wir zu leben haben und wie unsere eigene, ganz persönliche Antwort auf die großen Fragen des Lebens und Todes lautet, mit welchen jeder Mensch konfrontiert wird. Es geht beispielsweise um die Frage, ob der Tod das Ende ist oder einfach nur ein Übergang in eine andere, höhere Lebensform. Es geht um die Frage, ob wir schon früher hier auf Erden waren und nach unserem Tod wieder zurückkehren werden sowie um die Frage nach dem eigentlichen Sinn und Zweck unseres Lebens hier auf Erden. Die Antworten, die uns wirklich überzeugen, können wir letztendlich nur in unserer eigenen Innenwelt finden.

Die Energie des Erzengels Michael ist genau die Energie, die uns dazu bringt, die Freiheit zu suchen, die nötig ist, um den

Weg nach innen gehen zu können. Michaels Energie macht uns in all jenen Situationen, in welchen unsere Freiheit angetastet und bedroht wird, rebellisch. Irgendwie gelingt es uns nicht mehr, die Beschneidungsversuche unserer Freiheit einfach zu akzeptieren. *Folglich ist es in unserer Zeit ganz wichtig zu lernen, dass wir einander in Beziehungen nicht „besitzen", sondern lernen müssen, wie wir einander in einer Beziehung gegenseitige Freiheiten lassen können.*

1. Diese Freiheit wird bedroht, sobald wir einander mit dem Wort *müssen* bewerfen. „Du musst erst noch in den Supermarkt gehen, bevor du nach Hause kommst", sagt der eine zum anderen. Eine derartige, auf den ersten Blick harmlose Bemerkung stellt keine Frage oder Bitte dar, sondern ist ein Auftrag, ein aufgezwungenes *Müssen* – und genau das bekommen immer mehr Menschen in den 'falschen Hals'. Es ist wichtig, die Freiheit des anderen von innen heraus so respektieren zu lernen, dass wir einander bitten und dem anderen nichts aufzwingen. Das bedeutet, dass wir im obigen Beispiel lernen müssen zu sagen: „Würdest du, bevor du nach Hause kommst, erst noch kurz beim Supermarkt vorbeigehen?" Aufgrund der Freiheit, Nein sagen zu können, wird der andere nun wahrscheinlich erst recht gern Ja sagen, wobei man ein aufgezwungenes Ja niemals von ganzem Herzen, sondern nur widerstrebend gibt.

    Diese Haltung, bei der wir einander nichts aufzwingen, sondern einander um Hilfe bitten, ist in allen Beziehungen so wichtig, bei Freundschaften ebenso wie bei Beziehungen am Arbeitsplatz. Es ist eine Haltung, die auf gegenseitigem Respekt und gegenseitiger Freiheit basiert. Erkennen Sie, wie wichtig Freiheit für Sie ist. Solange Sie das nicht verstanden haben, werden Sie auch nicht bereit sein, dem anderen seine Freiheit zu lassen.

2. Diese Freiheit wird auch bedroht, wenn wir beginnen, einander zu manipulieren: „Du kommst doch heute Abends pünktlich nach Hause, oder?" Das klingt wie eine normale Frage und ist es auch, außer wenn darin ein bestimmter Unterton mitklingt, in dem wir all das heraushören, was gemeint ist, jedoch nicht ausgesprochen wird. Beispielsweise die stille Botschaft: „Du lässt mich ja immer mit den Kindern allein sitzen und weißt gar nicht, was ich im Haushalt alles zu verkraften habe." Oder es klingt eine andere unausgesprochene Botschaft mit, beispielsweise die Folgende: „Du gehst heute Abend sicherlich wieder mit einer Freundin (einem Freund) zum Essen aus und lässt mich hier allein sitzen." So klingen in unseren Bemerkungen immer wieder ziemlich viele unausgesprochene Botschaften mit, die wir treffsicher voneinander aufschnappen und die eine Beziehung gehörig trüben können. Was das betrifft, werden wir lernen müssen, ehrlich voreinander auszusprechen, was wir eigentlich meinen. Das ist vielleicht nicht immer ganz leicht, aber es ist wohl die einzige Möglichkeit, um eine Beziehung rein und offen zu halten; denn unausgesprochene Botschaften trüben eine Beziehung und bringen Angst und Unsicherheit mit sich – was könnte der andere denn nun eigentlich meinen? Sie töten die spontane Liebe und Wärme in einer Beziehung. *Kommunikation, und damit meine*

ich eine offene, aufrichtige Kommunikation ohne dop-
peldeutige Botschaften, ist für jede Beziehung wichtig.

3. Eine Form von Erpressung, die für jede Beziehung töd-
lich ist, besteht darin – aus Wut – einige Tage lang zu
schweigen. Nach allem, was ich in Gesprächen mit Menschen darüber zu hören bekommen habe, ist meine Überzeugung, dass so etwas viel häufiger vorkommt, als wir
denken. Wir fühlen uns verletzt, doch anstatt dies laut
auszusprechen, lassen wir den anderen unsere Wut spüren, indem wir nur noch das Allernötigste sagen und an-
sonsten beharrlich schweigen. Ein solches Schweigen ist
Ausdruck von Wut und Verletztheit, doch anstatt die Wut
ganz direkt zu äußern und notfalls einen Streit vom Zaun
zu brechen, entscheidet man sich für das Schweigen.
Dieses Schweigen verunsichert den anderen: „Was ist nun
eigentlich los, und warum ist der andere so böse?" Eine
Antwort auf diese Frage erhält man freilich nicht. Anstatt
in Konfrontation zu gehen, entscheidet man sich für das
Schweigen, und die Kommunikation wird damit abgebrochen. Doch eine Beziehung beruht nun einmal gerade
auf der Verbindung, auf dem Kontakt und auf dem Gespräch, einer Verbindung, die durch das Schweigen rück-
sichtslos unterbrochen wird. Ein derartiges Schweigen
ist folglich auch eine ernsthafte Verletzung der Kommunikation mit dem anderen. Wenn wir außerdem bedenken, dass gemeinsame Kommunikation ein heiliges Geschenk ist, das uns von Gott höchstpersönlich geschenkt
wurde, wird deutlich, wie schwerwiegend dieser Angriff
ist. Vielleicht müssen wir lernen, wie wir miteinander ei-

nen Konflikt austragen können, ohne dass dieser gleich in einen Riesenkrach oder in tödliches Stillschweigen ausartet. Ein ehrlicher Streit ist immer besser als die tödliche Form des Schweigens, die im Grunde Manipulation und Machtmissbrauch bedeutet. Bei einem Streit gibt man dem anderen die Chance zu reagieren, doch durch das Schweigen macht man den anderen völlig machtlos. Durch das Schweigen entzieht man dem anderen folglich die Möglichkeit, in Freiheit zu reagieren. Schweigen ist also auch eine Form der Manipulation, die zudem noch die Freiheit des anderen antastet.

4. *Man kann einander Freiheit gewähren, wenn man Selbstwertgefühl entwickelt und sich nicht vom anderen abhängig gemacht hat.* Selbstbewusst und stark im eigenen Leben zu stehen – das ist die Voraussetzung, um dem anderen wirklich Freiheit gewähren zu können. Unsichere Menschen richten sich oft mehr auf das Leben des anderen als auf das eigene Leben aus. Sie wählen eine unterwürfige Märtyrer-Haltung, bei der sie ihre eigene Authentizität in Wirklichkeit total vernachlässigen. Sie identifizieren sich mehr mit dem anderen und dessen Leben als mit dem eigenen Dasein. Aus dieser Haltung heraus können sie dem anderen nur ganz wenig Freiheit zugestehen, weil sie sich sonst ausgeschlossen fühlen – und das Leben ist nun einmal zu ihrem wichtigsten Lebensziel geworden. Sich mit dem eigenen Leben und den eigenen Lebenszielen zu verbinden und selbstbewusst dafür einzustehen, macht es möglich, dass man dem anderen Raum geben kann.

Regel 3: Sehen Sie den anderen immer so, wie er wirklich ist

Einander so zu sehen, wie wir wirklich sind, in unserem tiefsten Wesenskern – einander immer so zu sehen, wie wir wirklich sind, ist gar nicht so einfach und viel weniger selbstverständlich, als wir zumeist annehmen. Doch eine Beziehung steht und fällt mit der Art und Weise, mit der wir aufeinander schauen. Je mehr wir einander nämlich wirklich, in unserem tiefsten Wesenskern, kennen, desto fester, desto tiefer und intensiver wird eine Beziehung. Daher ist es wichtig, in aller Ruhe bei der Frage innezuhalten, ob wir einander eigentlich wirklich richtig kennen – und folglich bei der Frage, was wir tun müssen, um den anderen immer so zu sehen, wie er in seinem tiefsten Wesenskern ist.

1. Wenn man einander länger kennt, beginnt man sich automatisch ein Bild davon zu machen, wie der andere ist. Der andere ist so und so, der andere denkt auf diese oder jene Weise und reagiert meist so und so. Je länger man den anderen kennt, desto selbstverständlicher werden diese Bilder, und desto mehr werden diese ein Eigenleben führen. Man findet das so logisch und selbstverständlich, dass man nicht mehr auf den Gedanken kommt, dass der andere vielleicht doch anders ist, als man dachte.

   Doch wir Menschen haben tief in unserem Inneren so manche Träume und Erwartungen, über die wir meist nie sprechen, weil wir sie noch nicht gut in Worte fassen können und weil diese Träume uns emotional sehr verletzlich machen, wenn wir sie aussprechen. Schon deshalb ist es gar nicht so leicht und selbstverständlich, einander richtig zu kennen; denn meist kennen wir die verborgenen Träume des anderen längst nicht so gut, wie wir es gern hätten, und damit kennen wir auch den tiefsten Wesenskern des anderen gar nicht so gut, wie wir meist glauben.

Außerdem sind wir Menschen veränderlich: Wir wachsen und verändern uns, und damit verändern sich auch unsere Träume, Gedanken und Erwartungen. Daher passiert es auch oft, dass die Bilder, die wir uns von einem anderen Menschen gemacht haben, nicht stimmen oder nicht mehr stimmen. Deshalb ist es in einer Beziehung wichtig, dass wir uns selbst immer wieder fragen, ob das Bild, das wir uns vom anderen gemacht haben, noch stimmt. Dabei müssen wir, um die Bilder, die wir uns vom anderen gemacht haben, korrigieren zu können, immer wieder sorgfältig auf den anderen schauen und bereit sein, uns durch das, was wir sehen, hören, merken und fühlen, korrigieren zu lassen. *Bleiben Sie deshalb im Dialog mit dem Herzen des anderen, um sich immer wieder durch neue Aspekte überraschen zu lassen, die Sie noch nie zuvor bemerkt hatten.*

2. Um einander sein Herz zu zeigen, muss man sehr wohl das Gefühl haben, dass man sich auf den anderen verlassen kann und der andere auch wirklich sorgfältig mit dem umgeht, was man ihn von der eigenen Verletzlichkeit sehen lässt – und da ecken wir schon einmal an. Im Umgang miteinander stoßen wir uns natürlich regelmäßig unsere Nasen aneinander, werden enttäuscht, denn von uns ist ja keiner eine Prinzessin oder ein Prinz auf dem weißen Pferd, oder haben das Gefühl, dass der an-

dere nicht wirklich versteht, was wir meinen. Doch wenn wir voneinander enttäuscht sind, und das geschieht meist schleichend, ohne dass man genau mit dem Finger darauf deuten könnte, werden wir immer sachlicher im Umgang miteinander und halten immer öfter die verletzlichsten Dinge voreinander verborgen, einfach um uns vor (noch mehr) Enttäuschungen zu schützen.

Was ich nun in einige Regeln fasse, ist der Lauf der Dinge, so wie dies in vielen Beziehungen vorkommt. Daher ist es wichtig, sich immer wieder die Zeit zu nehmen, aus dieser Sachlichkeit zurück in die echte Verletzlichkeit des anderen zu finden. „Ich habe das Gefühl, dass wir einander inzwischen, ohne dass wir es richtig durchschauen, ein wenig verloren haben", sagte ein Mann in einem Gespräch, das ich mit einem Paar führte, zu seiner Frau, und meinte den Prozess, den ich soeben beschrieben habe. *Um den Weg zurück in das Herz des anderen zu finden, sind echte Zuwendung, Respekt und manchmal auch viel Geduld nötig.* Auf diesem Weg zurück ist es außerdem wichtig, einander keine Vorwürfe zu machen, sondern zu versuchen, mit dem Herzen zu verstehen, was den anderen treibt und bewegt.

3. Wir können den anderen nur dann wirklich so sehen, wie er ist, wenn wir mit unserem eigenen, tiefsten Wesenskern und folglich mit unserer eigenen Verletzlichkeit in Verbindung stehen: *Nur wer selbst verletzlich sein kann, kann mit Respekt den Weg zur Verletzlichkeit des anderen gehen.* Daher werden wir immer wieder daran arbeiten müssen, unsere Verletzlichkeit zu bewahren und ans Tageslicht zu bringen. In unserer Zeit kommt nämlich im

Leben eines jeden so viel auf uns zu, dass wir ganz automatisch die Zähne zusammenbeißen und verhärten, um das alles durchzustehen und zu verarbeiten. Doch wer mehr und mehr verhärtet und sich dieses Prozesses nicht bewusst ist, verliert letztendlich die Verbindung zur eigenen Verletzlichkeit – und damit die Verbindung zum tiefsten Wesenskern des anderen. Um den anderen wirklich erreichen zu können, und folglich in all unseren Beziehungen immer wieder das Herz des anderen erreichen zu können, werden wir fortwährend an uns selbst arbeiten müssen. Der Weg ins Herz des anderen führt immer nur über das eigene Herz.

◇◇

Der reinen Dankbarkeit entgegenwachsen

Zu wissen, wann man den anderen trösten darf,
Und wann man den anderen sich selbst
Überlassen muss – wer dieses subtile Gleichgewicht
Beherrscht, der beherrscht zugleich
Eines der heiligsten Gesetze
Im Umgang mit anderen.

Und wer dem anderen den Raum gibt,
Sich zu verändern,
Und auch selbst bereit ist,
Auf eigene Weise mitzuwachsen,
Und sich mitzuverändern,
Hat sich damit
Die höchste Form von Respekt
Vor dem anderen zu eigen gemacht.

Und wer bei alledem
Auch noch über Selbsterkenntnis verfügt
Und die Fähigkeit zur Selbstkritik,
Lebt auf einer Ebene
Von Einfachheit und Dankbarkeit.

Denn wer geistig wächst,
Wird immer einfacher im Herzen,
Wird zur reinen Dankbarkeit.

VII. Über Balance, Veränderung und Selbsterkenntnis

Die Balance zwischen Nähe und Abstand bewahren

Es ist nicht leicht, im Umgang mit anderen Menschen zu bestimmen, wann man sie mit Wärme, aufmerksamer Fürsorge und Liebe umhegen muss, und wann man einfach ein wenig Abstand wahren muss, um ihnen die Chance zu geben, bei sich selbst zu bleiben. Es ist nicht immer leicht, die richtige Balance zwischen diesen beiden Arten des Umgangs mit dem anderen zu finden – *dem anderen nahe zu sein oder einen gewissen Abstand zu ihm zu bewahren.*

Manche Menschen sind von Natur aus eher distanziert und geben dem anderen auf diese Weise viel Freiraum. Andere Menschen sind vom Charakter her dagegen besonders aufmerksam und begegnen dem anderen mit einem regelrechten Schwall an Zuwendung, Wärme und Fürsorge.

Die Menschen, die distanziert sind, geben anderen Menschen manchmal das Gefühl, dass sie ein wenig im Stich gelassen werden. Die Menschen, die sich mit all ihrer Aufmerksamkeit dem anderen zuwenden, vermitteln diesem hingegen schon einmal ein beengendes Gefühl, als ob sie seine Freiheit antasten würden.

Das Verblüffende daran ist, dass jeder von uns entweder eher distanziert ist oder im Gegenteil dem anderen eher (zu) nahe kommt. Wir haben alle ein Wesen, das eher zum einen oder anderen Extrem tendiert.

Um Selbsterkenntnis zu erlangen und zu wissen, wie man sich selbst in Beziehungen verhält, ist es wichtig, von sich selbst zu wissen, welcher Typ man ist. Kommen Sie dem anderen oft recht nahe oder sind Sie vielmehr eher distanziert? Wenn man seine eigene Einseitigkeit erkennt, kann man auch gezielt daran arbeiten, etwas mehr zu einem Gleichgewicht zwischen diesen beiden Kräften heranzuwachsen. Bedenken Sie dabei sehr wohl, dass es bei dieser Selbsterkenntnis nicht um ein Urteil geht. Beide Wesenszüge weisen ihre eigenen Vor- und Nachteile auf, wobei nicht eine Haltung besser ist als die andere.

Es ist auf den ersten Blick auch nicht selbstverständlich, dass diese beiden Lebenshaltungen gleichwertig sind und keine wirklich besser als die andere ist. Wir finden nämlich jemanden, der sehr fürsorglich und aufmerksam ist, meist ganz nett, und jemanden, der etwas distanzierter wirkt, oft weniger liebenswert. Doch jemand, der etwas mehr Distanz wahrt, räumt uns den Freiraum ein, wir selbst zu sein, fordert uns dazu heraus, in unserer eigenen Kraft zu stehen und respektiert unsere Freiheit, während hingegen jemand, der ganz fürsorglich wirkt, schon manchmal die Neigung hat, für den anderen zu denken, diesen zu 'betutteln' und alles für ihn zu regeln, selbst auf die Gefahr hin, dass er seine Freiheit und Selbstständigkeit ein Stück weit verliert.

Andererseits gibt jemand, der stark auf den anderen ausgerichtet ist, meist ganz viel Wärme ab und zeigt viel Fürsorge – und das tut diesem ganz oft gut. Im Gegensatz dazu verleiht uns derjenige, der mehr dazu tendiert, auf Distanz zu bleiben, schon manchmal das Gefühl, dass er gar nicht wirklich an uns interessiert ist. Das wiederum ist ein Gefühl, das uns meist nicht gut tut.

In der esoterischen Tradition heißt es, dass es im Leben darum geht, die richtige Balance zwischen diesen beiden Kräften und Lebenshaltungen zu finden. Es geht also darum, die Meisterschaft über diese beiden Möglichkeiten und Charaktereigenschaften zu erringen, so dass man bewusst in der einen Situation entscheiden kann, dem anderen etwas näher zu sein, und in der anderen Situation, etwas mehr auf Distanz zu bleiben. Um ein Beispiel zu nennen: Wenn der Klient in einem therapeutischen Gespräch in Tränen ausbricht, muss man nicht gleich den Arm um den anderen legen. Wenn man das tut, führt die Wärme dieser Geste meist dazu, dass der andere aufhört zu weinen. Doch in einer therapeutischen Sitzung ist es oft wichtig, dass der Klient lernt, die nie vergossenen Tränen des Kummers einer früheren Lebensphase nun endlich einmal zuzulassen und fließen zu lassen. Allein das führt zur Heilung. In diesem Fall bedeutet vorzeitiger Trost folglich, dass sich der Weg zur Heilung wieder verschließt, anstatt sich zu öffnen.

Doch wenn mir jemand erzählt, dass er soeben die Mitteilung erhalten hat, dass er bald sterben wird, lege ich ganz schnell meine Arme um den anderen. Oder denken Sie an Eltern, die soeben ein Kind verloren haben: Worte sind in einer solchen Situation oft zu wenig, während unsere Emotionen und Hände in einer derartigen Situation unsere Betroffenheit und unser Mit-Leid viel besser zum Ausdruck bringen können. Es gibt, wenn man die Dinge genau betrachtet, ganz viele Situationen, in welchen Worte nicht ausreichen und wir nur mit unseren Händen und der Kraft unseres Herzens wirkliche Betroffenheit spüren lassen können. Es geht folglich darum zu lernen, in welcher Situation man dem anderen Raum geben und sich selbst zurückhalten muss, und in welcher Situation der andere tröstende Wärme und Nähe benötigt. Wer sich das in jeder Situation immer wieder neu bewusst machen und nach dieser Erkenntnis handeln kann, der hat die Meisterschaft über die Dualität zwischen Nähe und richtigem Abstand erworben.

Schlüssel-Schloss-Beziehung

Insbesondere in Beziehungen spielt unsere Einseitigkeit in Bezug auf Nähe/Distanz eine große Rolle. Oft ergänzen sich beide Partner in einer Beziehung, wobei der eine etwas distanzierter, der andere hingegen etwas mehr auf Nähe gepolt ist. Wir nennen eine solche Beziehung – wie ich in der Einleitung bereits erwähnt habe – eine „Schlüssel-Schloss-Beziehung", weil die ausgeprägten Charakterzüge des einen nahtlos in die des anderen passen. Die Schwäche des einen ist die Kraft des anderen, und umgekehrt. Ist der eine ganz mitteilsam, dann ist der andere eben etwas distanzierter, ist der eine mehr auf den anderen hin ausgerichtet, dann ist der andere meist etwas mehr auf sich selbst gerichtet.

Bei einer derartigen Konstellation in Beziehungen gilt, dass es meist eine Zeit lang gut geht, jedoch eines Tages immer öfter zu kriseln beginnt. Die Einseitigkeit des einen ruft auf lange Sicht schon einmal eine Reaktion beim anderen hervor, oder derjenige, der selbst ganz einfühlsam und fürsorglich ist, fühlt sich durch die Distanziertheit des anderen mehr und mehr allein gelassen. Der andere, der distanzierter ist, fühlt sich immer öfter durch die unaufhaltsame Zuwendung des anderen in Bezug auf sein Tun und Lassen eingeengt. Wenn diese Reibereien aufzutreten beginnen, wird es Zeit für ein offenes Gespräch. Es dürfte deutlich geworden sein, dass die einzig richtige Antwort auf die zunehmenden Spannungen in der Beziehung dann lauten muss, dass beide Partner etwas mehr in Richtung Balance wachsen müssen. Der eher distanzierte Partner wagt es also, etwas aufmerksamer zu sein, und der fürsorgliche Partner lernt es, dem anderen etwas mehr Freiraum einzugestehen.

Wenn diese beiden auf diese Weise durch ihre Prozesse gehen und beide lernen, ihre Einseitigkeit zur Meisterschaft über diese Dualität umzuwandeln, wird ihre Beziehung sich spürbar vertiefen. Doch darüber hinaus wird es damit auch jedem von beiden möglich sein, in seinem eigenen Wachstumsprozess persönlich einen riesigen Schritt nach vorn zu tun. So kann eine Phase der Spannungen nach einiger Zeit zu einer Vertiefung der Beziehung und zu einem geistigen Wachstum beider Partner führen.

Einander Raum zur Veränderung geben

Erlauben Sie mir bitte einmal, die Dinge zu verallgemeinern. Männer klagen häufig über die Tatsache, dass ihre Frau sich so verändert hat: „Du bist nicht mehr so, wie du damals warst, als ich dich kennen gelernt habe." Frauen klagen dagegen immer wieder über die Tatsache, dass ihr Mann nicht geistig wächst und sich nicht verändert: „Du scheinst noch immer genau derselbe Mensch zu sein, der du warst, als ich dich kennen gelernt habe. Hast du denn überhaupt nichts aus dem Leben gelernt?" Natürlich ist dies eine Verallgemeinerung. Ich kenne auch Männer, die sich durchaus verändern, und Frauen, die sich nicht verändern. Doch der Punkt, um den es geht, ist der, dass manche Menschen sich im Laufe ihres Lebens sehr wohl verändern, andere hingegen nicht, was tiefgreifende Auswirkungen auf alle unsere Beziehungen hat.

Es erscheint mir eigentlich selbstverständlich, dass sich Menschen durch die Erfahrungen verändern, die sie im Leben machen. Durch neue Erfahrungen, die guten und die trüben, sammeln wir neue Erkenntnisse. Durch eine Krise oder durch traurige Erfahrungen werden wir oft ein ganz anderer Mensch, mit ganz neuen Lebensauffassungen oder Lebensüberzeugungen. Morgen schon sind wir wieder anders als heute. Das Lebensprinzip lautet: Wachstum und Entwicklung. Wer sich nicht verändert, wer nicht wächst und immer wieder neue Erkenntnisse gewinnt, der bewegt sich nicht mehr mit dem Strom des Lebens. Er steht still – und wer stillsteht, erstarrt letztendlich und stirbt innerlich.

Doch Wachstum und Veränderung haben große Folgen auf Beziehungen. In jeder Beziehung spielt sich nämlich ganz schnell ein bestimmter Rhythmus ein, eine bestimmte Ordnung, eine bestimmte Struktur, miteinander umzugehen, bei der sich beide gut fühlen. Doch wenn einer von beiden sich verändert, verändert sich auch die Gewichtung und damit der Umgang zwischen beiden. Das hat zur Folge, dass auch der andere sich verändern und lernen muss, sich auf die neue Situation einzustellen. Nur so können die beiden Partner sich auf die Suche nach einer neuen Struktur und nach einem neuen Gleichgewicht in der Beziehung begeben. Wenn der eine sich verändert, bedeutet das folglich eine Herausforderung für den anderen: Ist er bereit, sich mit zu verändern und zu helfen, nach einer neuen Ordnung zu suchen?

Lassen Sie es mich mit einem Bild erklären: Zwei Menschen, die zusammen sind, könnte man mit einem Bahngleis vergleichen. Beide Gleise liegen nahe beieinander, machen gleichzeitig die gleichen Biegungen und folgen exakt dem gleichen Weg. Solange die beiden perfekt aufeinander abgestimmt bleiben, geht alles gut. Doch wenn das eine Gleis eine Biegung macht, das andere jedoch einfach geradeaus weiter verläuft, dann entgleist der Zug innerhalb kürzester Zeit. Eine Beziehung ist wie der Zug, der über diese beiden Gleise fährt. Solange beide Partner dieselben Bewegungen machen, gleichzeitig wachsen und sich gleichzeitig verändern und dabei immer aufeinander abgestimmt bleiben, geht alles gut. Doch wenn sie beginnen, sich unabhängig voneinander zu bewegen und jeweils einen eigenen Weg zu suchen, gerät die Beziehung aus der Spur.

Das bedeutet, dass es für eine Beziehung von grundlegender Bedeutung ist, dass beide Partner miteinander wachsen und bereit sind, sich durch den Wachstumsprozess des anderen auch selbst in Bewegung bringen zu lassen. Es geht wohlgemerkt nicht darum, dass der eine auf die gleiche Weise wächst und dieselben Erkenntnisse entwickelt wie der andere. Es geht darum, dass das Wachstum des einen erfordert, dass der andere auf eigene Weise wächst und sich in Bewegung setzt. Beide Partner dürfen nämlich durch ihr Wachstum immer mehr sie selbst werden – und gewiss keine Kopie des anderen.

Wenn der eine zwar wächst, der andere jedoch nicht, entgleist folglich die Beziehung. Das macht uns deutlich, dass man auf jeden Fall eine echte Basis von Liebe und Respekt füreinander haben muss, um sich durch das Wachstum des anderen selbst zur Bewegung anstoßen zu lassen; denn zu wachsen, sich zu verändern, geistig in Bewegungen zu kommen, bringt immer Unruhe, Konflikte und inneres Chaos mit sich. Sich vom anderen in Bewegung bringen zu lassen, hat seinen Preis. Doch auch in diesem Fall dürfen wir feststellen, dass sich Beziehungen nur auf diese Weise, durch Wachstum und Veränderung, wirklich vertiefen. Beide Partner kommen nur so auf dem Weg des geistigen Wachstums vorwärts und werden mehr und mehr sie selbst. Ist es nicht das größte Geschenk, das wir einander machen können, wenn wir werden dürfen, wer wir im tiefsten Inneren wirklich sind?

Ich kenne auch einige Beziehungen – und nun verwende ich diesen Begriff im beschränkten Sinne von „Zusammenwohnenden" – in welchen sich der eine verändert hat und der andere nicht. Wenn sie nicht auseinandergehen, was in einer solchen Situation meist geschieht, sondern weiterhin zusammen wohnen, beginnt jeder von ihnen, allmählich immer mehr in seiner eigenen Welt zu leben, mit seinen eigenen Freunden und Bekannten, und sie entwickeln ein ganz unterschiedliches geistiges Leben. Die Beziehung beschränkt sich dann auf die Tatsache, dass sie beide im gleichen Haus wohnen, eine gemeinsame Geschichte miteinander teilen und in Notsituationen aufeinander zurückgreifen können. Daran ist grundsätzlich nichts falsch. Wenn zwei Menschen sich bewusst dafür entscheiden, weil es in ihrer Situation die beste Lösung ist, haben andere das einfach zu respektieren.

Selbsterkenntnis und Selbstkritik

Um geistig in Bewegung zu kommen, wenn man vom anderen durch dessen Wachstumsprozess dazu herausgefordert wird, ist es notwendig, bereit zu sein, ehrlich in den Spiegel zu blicken, um zu sehen, wer man eigentlich wirklich ist. Das ist nicht selbstverständlich und ebenso wenig leicht, denn den meisten Menschen fällt es schwer, der Wahrheit über sich selbst ins Auge zu blicken. Die meisten von uns haben nämlich ein viel zu rosa gefärbtes Bild von sich selbst, während andere ein viel zu düsteres Bild von sich selbst haben. Oft trifft sogar beides zu, dass wir nämlich in bestimmter Hinsicht viel weniger nett, liebevoll oder positiv sind, als wir denken, und dafür in anderer Hinsicht zu viel mehr imstande sind, als wir glauben. Nun geht es im Leben darum, immer mehr derjenige zu werden, der wir eigentlich sind, und uns folglich sowohl unserer dunklen Seiten als auch unserer Möglichkeiten und Begabungen bewusst zu werden. Nur dann können wir uns der Verwandlung unserer dunklen Seiten bewusst werden und lernen, wie wir unsere Begabungen zur Geltung bringen können.

Der Psychologe C.G. Jung hat die dunklen Seiten, derer wir uns selbst nicht bewusst sind, „unseren Schatten" genannt. Seltsam ist nun, dass diese Schatten(seiten) in einer Beziehung irgendwie immer wieder aktiviert werden und der andere dadurch ganz schnell unseren dunklen Seiten auf die Spur kommt, derer wir uns selbst gar nicht bewusst werden. Wir sind uns anscheinend dieser dunklen Seiten selbst gar nicht bewusst und können uns ihrer wohl irgendwie auch gar nicht bewusst werden, während sie für den anderen offensichtlich sofort auf den ersten Blick erkennbar sind. Ich sage nur eines:

Wenn Sie wirklich wissen möchten, welches Ihre Schattenseite ist, dann fragen Sie einmal die Menschen in Ihrem Umfeld. Wenn diese es wagen, sich ehrlich zu äußern, und Sie es wagen zuzuhören, ohne sofort dazu überzugehen, alles abzustreiten oder sich zu verteidigen, können Sie ganz viel über sich selbst erfahren, dessen Sie sich vorher noch nicht bewusst waren. Vor allem können Sie sich dann Ihrer Schattenseite bewusst werden. Um diese Bewusstwerdung zu ermöglichen, müssen Sie freilich zwei wichtige Voraussetzungen erfüllen:

- Zunächst einmal müssen Sie über eine gehörige Portion Selbstvertrauen verfügen. Wer dieses Selbstvertrauen nämlich nicht hat, verfällt durch (Selbst-) Kritik und durch die Erkenntnis der eigenen dunklen Seiten ganz schnell in eine negative Stimmung, nach dem Motto: „Da siehst du mal, ich kann überhaupt nichts und bin überhaupt niemand. An mir taugt auch nichts." Um folglich in aller Ruhe Kritik vom anderen zulassen und über die Frage nachdenken zu können, ob in dieser Kritik vielleicht ein Körnchen Wahrheit verborgen liegt, muss man eine gehörige Portion Selbstwertgefühl besitzen: *Nur wer genügend Selbstvertrauen im Leben erworben hat, ist imstande, sich seiner Schattenseite bewusst zu werden.*

- Darüber hinaus muss man versuchen, sich auf keinerlei Weise zu verteidigen oder zu erklären. Nicht gegenüber dem anderen und auch nicht gegenüber sich selbst. „Ja, aber das kommt daher, weil ..." Wer das tut, lässt die Kritik von anderen nicht wirklich an sich heran und versucht, diese gleich zu erklären und auf diese Weise unschädlich zu machen. Achten Sie einmal auf sich selbst, wie oft und wie leicht Sie angesichts der Kritik eines anderen sofort beginnen, mit folgenden Worten zu antworten: „Ja, aber ..." Es geht darum, erst in Stille die Kritik des anderen anzunehmen und diese in Ihr Herz durchdringen zu lassen. Vielleicht stimmt es nicht ganz, was der andere sagt, und vielleicht hat der andere in der Tat keine Ahnung von dem, was Sie alles schon durchlebt haben und warum Sie folglich so reagieren – doch wie dem auch sei, es ist immer ein Körnchen Wahrheit in dem, was der andere sagt. Machen Sie sich ehrlich auf die Suche nach diesem Kern und verteidigen Sie sich nicht! Wer sich verteidigt, wird sich dieses Körnchens Wahrheit nicht bewusst und lässt dieses innerlich nicht zu.

Dieses letzte Motiv will ich gern noch einmal gesondert beleuchten. Gerade in Beziehungen kann die Tendenz, sich selbst zu verteidigen, eine große und oft fatale Rolle spielen. Wer sich verteidigt, macht nämlich jedes echte Gespräch unmöglich. Der andere bekommt dann das Gefühl, dass Sie nicht zugehört haben, was er zu sagen versuchte. Das taten Sie ja auch tatsächlich nicht; denn Sie verteidigten sich schon, bevor Sie in aller Ruhe und Stille das zu sich haben durchdringen lassen, was der andere Ihnen eigentlich sagen wollte. Sie fragen nicht, warum der andere sie eigentlich so sieht und wie er dazu kommt, das zu sagen, sondern Sie gehen sofort in die Verteidigungsposition über.

Geschieht dies regelmäßig und gehen Sie stets, sobald der andere vorsichtig irgendeinen Kommentar abgibt, in die Verteidigungsrolle, wird der andere letztendlich aufhören zu sagen, was er so gern sagen und worüber er so gern mit Ihnen sprechen würde. Doch das hat wieder zur Folge, dass das große Schweigen zwischen beiden Partnern eingetreten ist und beide einander nicht mehr wirklich erreichen. Sie leben zwar noch zusammen, doch beide für sich, in einer je eigenen Welt, und die Brücke zwischen beiden Welten ist eingezogen. Im Grunde bedeutet dies das Ende der Beziehung, auch wenn diese zwei Menschen in den Augen der Welt vielleicht noch jahrelang zusammenleben.

Sich abzugewöhnen, sich selbst zu verteidigen und zu lernen, auf das zu achten, was der andere eigentlich sagen will, auch wenn dieser unangenehme Dinge sagt, ist von grundlegender Bedeutung – und zwar für Ihr persönliches geistiges Wachstum und für die Beziehung. Sich diese Selbstverteidigungsmechanismen abzugewöhnen, ist übrigens gar nicht so leicht. Man muss bereit sein, sich vor sich selbst und dem anderen zu blamieren, man muss bereit sein, die Hosen herunterzulassen. Vor allem aber muss man es wagen, verletzlich zu sein, klein und unsicher oder ängstlich, genau so, wie man sich in jenem Moment eigentlich fühlt. Nur dann ist es möglich, sich selbst nicht mehr zu verteidigen, sondern mit ganz aufrichtiger Hinwendung der Kritik des anderen zuzuhören.

Wer es wagt, klein zu sein, ist ein Segen für die Beziehung. Doch wer immer den „starken Mann" oder die „starke Frau" markiert, zerstört letztendlich die Beziehung.

Zwölf Tipps für eine gute Beziehung

1. *Leben Sie Ihr eigenes Leben. Wählen Sie Ihr persönliches Lebensziel.*

2. *Erbringen Sie ein Opfer nicht deshalb, weil Sie es müssen, sondern aus einer selbstbewussten Entscheidung heraus.*

3. *Kinder sind die Abkürzung zu geistigem Wachstum.*

4. *Scheuen Sie weder Streit noch Konflikte.*

5. *Jede Beziehung kennt ein Spannungsfeld zwischen Herausforderung und Geborgenheit.*

6. *Nur wer allein sein kann, kann auch wirklich zusammen sein.*

7. *Verarbeiten Sie nach einer Scheidung oder nach dem Tod Ihres Partners zuerst Ihren Kummer, bevor Sie eine neue Beziehung eingehen. Nur dann hat diese Beziehung eine Chance.*

8. *Eine Beziehung ist niemals selbstverständlich, sondern muss sorgfältig, mit Hingabe und Liebe, gepflegt werden.*

9. *Schwören Sie einander nicht die Treue bis zum Tod, sondern seien Sie einander treu, solange die Liebe am Leben ist.*

10. *Gerade in Beziehungen erlernt man die heilende Kraft der Vergebung.*

11. *Wenn Sie eine Beziehung beenden, so tun Sie dies mit Bedacht und Respekt.*

12. *Und zum Schluss: Lassen Sie sich immer wieder von der inneren Schönheit des anderen berühren.*

VIII. Die Regeln für eine gute Beziehung

Zu den dargelegten Anregungen, wie Sie sich für eine Beziehung sinnvoll einsetzen können, möchte ich in diesem Kapitel eine Reihe von praktischen Ratschlägen geben. Jeder Tipp wäre leicht zu vertiefen und weiter zu nuancieren, doch ich möchte es in diesem Kapitel bei einigen kurzen und vielleicht leicht provokanten Randbemerkungen belassen. Vielleicht kann ich ja Sie, liebe Leserin/lieber Leser, dazu herausfordern, selbst die persönlichen Ergänzungen hinzuzufügen, die jeder Tipp verdient.

1. Leben Sie Ihr eigenes Leben. Wählen Sie Ihr persönliches Lebensziel!

Es gibt Menschen, die sich endlos selbst verleugnen und aufopfern und sich völlig in den Dienst der anderen zu stellen scheinen. Manche gehen dabei so weit, dass sie offenbar nur noch für den anderen leben. Das mag zwar liebevoll gedacht sein, ist im Allgemeinen jedoch selten gut und sinnvoll. Einerseits führt eine solche Haltung leicht zu einer Beziehung, in der die beiden Partner nicht gleichrangig sind; denn man setzt den anderen auf den Thron und vernachlässigt sich selbst, andererseits ist es so, dass es in der Schule des irdischen Lebens darum geht, uns unserer eigenen geistigen Kräfte bewusst zu werden und zu lernen, diese ans Licht zu bringen. Es geht darum, uns unserer Sehnsüchte, unserer Kräfte, unserer tiefsten Träume und unserer verborgenen Charakterzüge bewusst zu werden und bereit zu sein, die richtige Art und Weise zu finden, wie wir hier auf Erden unserem tiefsten Inneren am besten Ausdruck verleihen und unser Lebensziel verwirklichen können. Der 'absolute' Dienst am Nächsten ist also nicht immer sinnvoll, sondern im Gegenteil in bestimmten Situationen sogar eine Form von Selbstbetrug!

Oft ist es (Lebens-)Angst oder ein schmerzlicher Mangel an Selbstvertrauen, der uns dazu bringt, uns ganz in den Dienst des anderen zu stellen und unser eigenes Lebensziel zu vergessen. In einer solchen Situation müssen wir am Ausbau des Selbstvertrauens arbeiten, um zu einer etwas ausgeglicheneren Beziehung zu kommen und unser Lebensziel zu verwirklichen.

2. Erbringen Sie ein Opfer nicht deshalb, weil Sie es müssen, sondern aus einer selbstbewussten Entscheidung heraus

Wenn Sie sich dazu entschließen, sich der Versorgung eines anderen zu widmen – eines kranken Kindes, eines kranken Partners, eines Elternteils – und die Verwirklichung Ihres eigenen Lebenstraums eine Zeit lang auf Eis zu legen, sollten Sie darauf achten, dass dies eine bewusste Entscheidung ist, die Sie aus freien Stücken und aus Liebe treffen, nicht weil Sie das Gefühl haben, dies tun zu müssen, weil es von Ihnen erwartet wird oder weil Sie es nicht wagen, „Nein" zu sagen. Ein Opfer, das Sie widerwillig erbracht haben, weil Sie es nicht wagten, zu sich selbst zu stehen, ist kein Opfer, sondern Selbstbetrug.

Jedes echte Opfer hingegen ist ein großes Geschenk, an dem Sie auch geistig wachsen werden. Es ist zudem eine Wohltat für die Menschheit, weil die Kraft Ihrer aufopfernden Liebe letztendlich der ganzen Menschheit zu Gute kommt. Achten Sie darauf, dass jedes Opfer, das Sie erbringen, auch ein wahrhaftiges Opfer ist.

3. Kinder sind die Abkürzung zu geistigem Wachstum

Wer sich für Kinder entscheidet, entscheidet sich für einen Weg, auf dem man selbst oft zurückstecken muss. Allerhand Dinge, die Sie gern tun würden, können Sie nicht verwirklichen, weil die Fürsorge und Zuwendung für die Kinder vorgehen. Immer wieder müssen Sie nämlich auf *deren* Gefühle achten, während Sie meist noch nicht einmal imstande sind, auf *Ihre eigenen* Gefühle zu achten. Nirgendwo anders lernen Sie so sehr, andere in den Mittelpunkt zu rücken und sich selbst hintanzustellen, wie beim Erziehen von Kindern. Nirgendwo sonst lernen Sie so sehr, aus Liebe auf vieles zu verzichten, wie gerade dann, wenn Sie Kinder großziehen. Daher wird die Elternschaft als die „Abkürzung zum geistigen Wachstum" bezeichnet. Kindern Liebe und Selbstvertrauen zu schenken, so dass sie es wagen, ohne Angst, jedoch mit einer entwaffnenden Offenheit, ins Leben zu treten, ist die höchste Aufgabe, die einem Menschen von der geistigen Welt anvertraut wird!

4. Scheuen Sie weder Streit noch Konflikte

Es gibt Beziehungen, in welchen beide Partner große Angst vor Streit und Konflikten haben. Nun sind Streit und Konflikte niemals angenehm, sie sind vielmehr das Salz in der Beziehung. Beziehungen ohne einen gelegentlichen Streit oder Konflikt sind keine echten Beziehungen. In einer derartigen, nur scheinbar harmonischen Atmosphäre wird alle Unzufriedenheit einfach unter den Tisch gekehrt. Beziehungen ohne jeglichen Konflikt laufen Gefahr, mit einem enormen Knall zu enden: Die gesamte unterdrückte Unzufriedenheit steigt auf einmal unaufhaltsam empor – und dann wahrscheinlich mit solcher Macht, dass es kein Halten mehr gibt. Lernen Sie folglich, sich mit dem anderen auszusprechen, auch wenn Sie befürchten, dass dadurch Streit entsteht.

5. Jede Beziehung kennt ein Spannungsfeld zwischen Herausforderung und Geborgenheit

Beinahe jeder Mensch hat ein starkes Bedürfnis nach Geborgenheit, das Bedürfnis, sich beieinander warm und geborgen zu fühlen. Doch neben dieser Geborgenheit brauchen wir – Frauen ebenso wie Männer – die Herausforderung. Die Herausforderung innerhalb der Beziehung, aber auch die Herausforderung, die von außen auf uns zukommt. Die Atmosphäre von Geborgenheit darf nicht beengend werden oder so beherrschend sein, dass kein Raum mehr für neue, herausfordernde Erfahrungen ist. Gönnen Sie jedem die Freiheit, auf eigene Weise diese Herausforderung zu suchen und zu erfahren. Neben Geborgenheit muss eine Beziehung jedoch auch Freiheit schenken, um das Abenteuer des Lebens erfahren zu können. Das ist nur möglich, wenn Sie es auch wirklich wagen, auf die Treue des anderen zu vertrauen.

6. Nur wer allein sein kann, kann auch wirklich zusammen sein

Es gibt Menschen, die es niemals gelernt haben, auf eigenen Beinen zu stehen und die aus dem Elternhaus direkt in eine Ehe oder eine feste Beziehung gerutscht sind. Solche Menschen sind meist vom anderen abhängig – eine Abhängigkeit, die nur schwer zu durchbrechen ist. Bei vielen Entscheidungen, die sie zu treffen haben, bei der eigenen Versorgung, beim Zusammenleben oder, wenn sie einmal eine Eigeninitiative ergreifen möchten, sind sie vom anderen abhängig. Sie haben es nicht gelernt, in diesen Situationen selbst die Verantwortung zu übernehmen. Im Grunde sind solche Menschen nicht fähig, eine gleichberechtigte Beziehung zu leben. Daher möchte ich allen jungen Menschen wünschen, erst einmal eine gewisse Zeit lang auf eigenen Beinen zu stehen, bevor sie eine feste Beziehung eingehen.

7. Verarbeiten Sie nach einer Scheidung oder nach dem Tod Ihres Partners zuerst Ihren Kummer, bevor Sie eine neue Beziehung eingehen. Nur dann hat diese Beziehung eine Chance.

Über die Hälfte aller dieser Beziehungen geht innerhalb von fünf Jahren wieder in die Brüche. Oft hat das mit der Tatsache zu tun, dass einer von beiden in der Tat noch nicht für eine neue Beziehung reif war, weil er die Trennung oder den Tod des früheren Partners noch gar nicht verarbeitet hatte. Untersuchungen haben ergeben, dass insbesondere Männer dazu neigen, erst einen neuen Partner zu suchen, bevor sie wirklich beginnen, den Schmerz und den Kummer zu verarbeiten, falls sie überhaupt damit beginnen und diesen Schmerz und Kummer nicht einfach verdrängen. Doch unverarbeiteter Schmerz und Kummer wirken letztendlich in einer Beziehung wie ein Spaltpilz. Man ist nicht wirklich frei für den anderen, weil man im Grunde noch an den vorigen Partner gebunden ist. Nur indem man Kummer und Verlust durchlebt und verarbeitet, wird man nämlich frei für eine neue Beziehung. Seien Sie also sich selbst – und dem anderen! – gegenüber ehrlich, bevor Sie eine neue Beziehung beginnen, und fassen Sie den nötigen Mut, einen Therapeuten zu Rate zu ziehen, um den Kummer zu verarbeiten. Wenn man sich eine schwere Grippe einfängt, ruft man den Arzt zu Hilfe. Wenn Sie eine schwere Seelengrippe haben, seien Sie so klug und holen Sie sich die Hilfe eines „Seelendoktors" oder Therapeuten.

8. Eine Beziehung ist niemals selbstverständlich, sondern muss sorgfältig, mit Hingabe und Liebe, gepflegt werden

Vor allem aufgrund der Tatsache, dass zurzeit so viele Ehen in die Brüche gehen, sind wir uns in unserer heutigen Zeit bewusst geworden, dass keine einzige Beziehung selbstverständlich ist. Man muss sich jeden Tag neu dafür einsetzen. Man muss die nötige Aufmerksamkeit für den anderen aufbringen und sich jeden Tag wieder bewusst machen, dass eine gute Beziehung ein Geschenk ist. Die Dankbarkeit für dieses Geschenk kann Ihnen helfen, nicht zu vergessen, wie wichtig es ist, sich immer wieder neu für die Beziehung einzusetzen.

9. Schwören Sie einander nicht die Treue bis zum Tod, sondern seien Sie einander treu, solange die Liebe am Leben ist

Wie wir festgestellt haben, muss man sich jeden Tag wieder neu dafür einsetzen, um eine Beziehung am Leben zu erhalten. Es ist ja nicht selbstverständlich, dass eine Beziehung auch weiterhin gut läuft. Es scheint mir folglich auch nicht sinnvoll, einander bei der Eheschließung die Treue bis zum Tod zu geloben, sondern Treue, solange die Liebe am Leben bleibt. Niemand kann in unserer Zeit die Treue bis zum Tod schwören. Wir wissen nämlich nur allzu gut, wie schnell eine Ehe in die Brüche gehen kann, und damit lässt sich dieser Schwur nicht aufrechterhalten. Gelübde wurde über die Jahrtausende als 'heilig' angesehen. Ein einmal geschworenes Gelübde galt es unter allen Umständen einzuhalten. Ob das auch aus der Sicht

Gottes so gesehen wird, scheint mir sehr zweifelhaft; doch ist es für den Einzelnen sicher sinnvoll, nur ein Gelübde abzulegen, bei dem er weiß, dass er sich daran halten und es wahr werden lassen kann. Ein solches Gelübde ist es beispielsweise, die Treue zu schwören, solange es gelingt, die Liebe am Leben zu erhalten.

Dieses Gelübde ist deshalb so etwas Besonderes, weil Sie auf diese Weise aus dem Treueschwur eine persönliche Aufgabe machen. Sie sind gemeinsam dafür verantwortlich, wie Sie die Liebe zueinander sorgsam und mit Aufmerksamkeit jeden Tag neu am Leben erhalten. In diesem Fall schwören Sie also, sich mit all Ihrer Kraft dafür einzusetzen, die Liebe lebendig zu halten – und das ist ein Gelübde, das Sie wahr werden lassen können. Außerdem legen Sie die Verantwortung für die Beziehung und dafür, die Liebe am Leben zu erhalten, in die Hände, in die sie auch gehört – in Ihre eigenen Hände.

10. Gerade in Beziehungen erlernt man die heilende Kraft der Vergebung

Menschen fügen einander manchmal Schmerz zu – bewusst und unbewusst. Sie verletzen einander, meist unabsichtlich, doch manchmal auch mit Absicht. Wie die Folgen davon für die Beziehung auch sein mögen, ob die Beziehung das überlebt oder nicht – es ist auf jeden Fall auch für Sie selbst wichtig zu lernen, dem anderen zu verzeihen. Hass, Wut und anhaltender Zorn zerstören unsere Seele. Suchen Sie folglich nach dem richtigen Weg, um zur Vergebung zu kommen – wie lange der Prozess auch dauern mag. Tun Sie es für den anderen, aber auch für sich selbst. Unverarbeiteter Zorn, Wut und Hass führen dazu, dass Sie wiederum – meist unbewusst – andere verletzen und diesen Schmerz zufügen. Denn was verdrängt wird, sucht sich immer irgendwie einen Ausweg aus unserer Seele. Es hält Ausschau nach Situationen und Menschen, in und an welchen es seine eigenen negativen Kräfte abreagieren kann.

Wir vergeben dem anderen übrigens nicht im Handumdrehen. Es ist auch nichts, was wir rein über den Verstand und/oder die Willenskraft bewirken können, ganz nach dem Motto: „Ich weiß, dass ich vergeben muss – und hopp, habe ich vergeben." Eine solche Form der Vergebung ist keine Vergebung, sondern eine Verdrängung. Echte Vergebung fordert von uns, dass wir uns unsere Wut und unseren Schmerz voll und ganz bewusst machen, diese Schritt für Schritt durchleben und in unserer Seele zulassen – so lange, bis wir alles durchlebt und losgelassen haben. Doch nochmals: Es kann oft Jahre dauern, bevor man imstande ist, einem Menschen wirklich zu vergeben. Diesen oft Jahre dauernden Prozess zu durchleben, ist jedoch stets sinnvoll, auch wenn es immer um einiges schwieriger und schmerzhafter bleibt, als die Wut und den Schmerz einfach zu verdrängen. [16]

11. Wenn Sie eine Beziehung beenden, so tun Sie dies mit Bedacht und Respekt

Beziehungen müssen nicht ein Leben lang dauern. Es kann sein, dass man einander eine Zeit lang viel zu sagen und zu geben hat, dass man sich danach jedoch immer weiter auseinanderentwickelt. Das gilt für Ehen, Partnerschaften, Freundschaften, Beziehungen im Bekanntenkreis und vieles mehr. Es kann dabei gut möglich sein, dass Sie im anderen einem Menschen begegnet sind, mit dem Sie karmisch noch das eine oder andere zu bearbeiten hatten; doch sobald diese Aufgabe erfüllt ist, stellen Sie fest, dass Sie einander im Grunde nicht viel mehr zu sagen haben. Wie dem auch sei, unsere Zeit ist auch die Zeit, in der wir immer mehr mit der Tatsache vertraut werden, dass Beziehungen nicht nur einen Anfang kennen, sondern oft auch ein Ende – ein Ende, das nicht, wie es früher der Fall war, durch den Tod eines der beiden Partner verursacht wird, sondern einfach dadurch, dass die Betroffenen merken, dass sie sich auseinanderentwickelt haben.

Verstehen Sie mich richtig – ich plädiere nicht generell für Scheidungen oder Trennungen, sondern nur für die *Möglichkeit*, einander die Freiheit zurückzugeben, wenn man bemerkt, dass man beginnt, einander dauernd und grundsätzlich beim geistigen Wachstum und bei der Entfaltung im Weg zu stehen. Dies gilt, wenn man feststellt, dass man sich in einer Stimmung, die von Zorn, Ohnmacht, Verurteilung usw. getragen ist, gegenseitig immer weiter nach unten zieht. Das Merkwürdige ist, dass wir zwar Hochzeiten und andere ähnliche Feste kennen, um den Beginn einer Beziehung zu markieren, jedoch (noch) kein Ritual, um einander wieder in die Freiheit zu entlassen. In der heutigen Praxis enden ganz viele Beziehungen so, dass die beiden ehemaligen Partner mit einer gehörigen Portion Wut, Groll und Kummer zurückbleiben. Daher plädiere ich für die sorgfältige Beendigung einer Beziehung. Wenn man gemeinsam zu dem Entschluss kommt, dass es keine Zukunft mehr gibt, führen Sie (falls nötig – und oft ist das nötig – unter der Leitung einer dritten Person) eine Reihe von Gesprächen, um die Beziehung so achtsam wie möglich zu beenden. In diesen Gesprächen muss dann vor allem zur Sprache kommen, warum es nötig ist, auseinander zu gehen, und es müssen so viele alte Emotionen wie möglich ausgesprochen und ausgeräumt werden, dass beide Partner wieder frei für die Zukunft sind. Es wäre schön, wenn in diesen Gesprächen wirklich mit so vielen alten Emotionen aufgeräumt werden könnte, dass vor allem Dankbarkeit für die gemeinsamen Jahre und die geistige Bereicherung zurückbleiben kann, die jeder von beiden gegeben und empfangen hat. Ich weiß, dies klingt wie ein hehres Ideal. Doch es ist, so weit meine Erkenntnis reicht, ein sinnvolles und erreichbares Ideal.

Menschen mit christlichem Hintergrund vertreten manchmal noch den Standpunkt, dass man sich nicht scheiden lassen und folglich auch die Beziehung mit dem anderen niemals brechen darf, so mühsam diese auch ist, weil Jesus Christus das nun einmal verboten habe. In der Bibel stehe ja, dass er über Mann und Frau gesagt habe: *„Was nun Gott zusammengefügt hat, das soll der Mensch nicht scheiden."* [17] Dieser Ausspruch Jesu Christi gründet sich allerdings auf der rechtlosen Position der Frau zu jener Zeit: Wenn der Mann aus irgendwelchen Gründen genug von seiner Frau hatte, konnte er sie ohne weiteres verstoßen. Die Frau besaß keinerlei Möglichkeit, sich zu wehren. Ihr blieb nur der letzte Ausweg, bei ihrer eigenen Familie anzuklopfen und dort für den Rest ihres Lebens als gefallene Frau und Sklavin dahinzuvegetieren. Gegen diese Rechtlosigkeit protestierte Jesus. Daher sagte er, dass kein Mann das Recht habe, seine Frau einfach so zu verstoßen, da die Ehe eine heilige Verbindung sei. Die Jünger Jesu erschreckten übrigens über diesen Ausspruch und über die Tatsache, dass man in einer Ehe folglich für immer an seine Frau gefesselt bleibe, so sehr, dass sie mit folgender Bemerkung reagierten: „Steht die

Sache eines Mannes mit seinem Weibe also, so ist's nicht gut, ehelich zu werden."[18] Sie meinten: Wenn man von seiner Frau nicht mehr loskommen könne, heirate man besser gar nicht. Die Tatsache, dass sogar die Jünger Jesu nur schwer von dieser alten Gewohnheit abrücken konnten, die eigene Frau wegzuschicken, wann immer ihnen das als Mann beliebte, zeigt, wie revolutionär die Meinung von Jesus seinerzeit war. Wollte man seine Worte auf die heutige Zeit übertragen, so bedeuten sie schlicht und einfach: „Lasst den anderen bei einer Trennung nicht unversorgt zurück und achtet darauf, dass in allen Beziehungen Gleichberechtigung herrscht."

12. Lassen Sie sich immer wieder von der inneren Schönheit des anderen berühren

In allen Beziehungen geht es letztendlich nur um eines – um die Liebe, und darum, den anderen mit den Augen des Herzens zu betrachten. Wenn Sie wirklich lernen, mit den Augen des Herzens zu schauen, also ohne Angst, unbefangen, verletzlich und mit der Bereitschaft, sich vom anderen berühren zu lassen und gleichsam im anderen aufzugehen, werden Sie unwiderruflich erleben, dass das Innere des anderen beginnt, immer deutlicher zu Ihnen zu sprechen. Es ist ein Sprechen ohne Worte, stärker und vielsagender als alles, wozu Worte imstande sind. Sie hören, wie die Seele des anderen beginnt, zu Ihnen zu sprechen. Wenn Sie die Seele des anderen sprechen hören, können Sie auch vernehmen, wie sich diese in ihrem tiefsten Wesenskern an Sie wendet. Sobald Sie dies hören und erfahren, beginnt die verborgene Schönheit des anderen, für Sie ans Licht zu treten: Sie sehen das funkelnde Seelenlicht und spüren die Kraft ihrer Zärtlichkeit. Es ist, als stünden Sie in einem königlichen Palastsaal, der ein leuchtendes Licht ausstrahlt. Es ist, als würden Sie in eine Dimension empor getragen, die weit über der Ihres Alltagslebens liegt. Das also geschieht, wenn Sie sich innerlich voller Liebe und Respekt, vollkommen offen und wehrlos, für die Schönheit des anderen öffnen.

Verzeihen Sie mir diese unbeholfenen Worte – doch wenn wir einen Blick auf das tiefste Wesen des anderen werfen können, stehen wir Auge in Auge mit dessen wahrem Wesenskern, mit dessen *göttlichem* Wesen. Wenn Sie jenes Wesen schauen dürfen, werden Sie selbst erleben, dass kein irdisches Wort ausreicht und Sie nur noch stammeln können, wenn Sie etwas von dieser Größe und dieser Schönheit zum Ausdruck bringen möchten.

Lassen Sie sich immer wieder durch die innere Schönheit des anderen berühren ... Wer das zulassen kann, der lebt die Liebe – der ist Liebe.

Lernen Sie, auf sich selbst zu achten

Nur, wer eine gute Beziehung
Zu sich selbst hat,
Ist imstande, eine Beziehung
Von Herz zu Herz mit anderen aufzubauen.
Nur, wer sich selbst annimmt,
Nimmt andere an –
Ohne Vorurteil,
Genau so, wie sie sind.
Eine gute Beziehung zu sich selbst –
Das erfordert Aufmerksamkeit
Für Ihr Innenleben,
Ein Leben lang.
Es erfordert richtige Fürsorge
Für den, der Sie innerlich sind,
So dass Sie auch der werden, der Sie sind,
Und das Lebensziel erfüllen,
Das für Sie reserviert ist.

Lernen Sie, auf sich selbst zu lauschen,
Auf Ihre eigene Intuition,
Achten Sie auf Ihre Träume
Und auf die stille Führung,
Die Sie täglich erhalten.
Und betrachten Sie dann auch
Alle – wirklich alle – Erfahrungen des Lebens
Als Möglichkeiten,
Sich selbst kennen zu lernen.

Dann, und nur dann,
Entdecken Sie Ihre eigene Weisheit,
Ihre eigene Schönheit,
Ihren eigenen göttlichen Kern.

Erst dann, ja wirklich nur dann, sind Sie
Anderen ein guter Partner.

IX. Eine Beziehung zu sich selbst

Nur, wer sich selbst respektiert, respektiert den anderen

Zum Glück begreifen immer mehr Menschen in unserer Zeit, wie wichtig eine gute Beziehung zu sich selbst ist: *Nur, wer eine gute Beziehung zu sich selbst hat, ist zu einer guten Beziehung zu anderen fähig.* Wenn Sie zu sich selbst nicht nett sein können, wie sollten Sie dann jemals nett zu einem anderen sein können? Wenn Sie nicht auf sich selbst lauschen können, wie sollten Sie dann jemals fähig werden, auf andere zu lauschen? Und wenn Sie Ihre eigene Weisheit nicht ehren und respektieren können, wie können Sie dann die Weisheit eines anderen respektieren? Bauen Sie zuerst eine gute Beziehung zu sich selbst auf. Erst dann sind Sie bereit für eine sinnvolle, liebevolle Beziehung mit einem anderen Menschen.

Wenn Sie sich aus dieser Erkenntnis heraus in der Welt umschauen, werden Sie ganz schnell feststellen, dass sehr viele Menschen nicht zu sinnvollen Beziehungen fähig sind – einfach deshalb, weil sie keine gute Beziehung zu sich selbst haben und nichts von sich selbst halten. Die Frage, die jeder von uns für sich persönlich, ganz offen und ehrlich, an sich selbst stellen muss, ist natürlich die Frage, ob wir es lernen, uns selbst zu schätzen und folglich zu einer sinnvollen Beziehung fähig sind ...

Nur, wer sich selbst akzeptiert, wie er ist, akzeptiert andere genau so, wie sie sind, mit ihren guten und weniger guten Seiten. Es ist genau so wichtig, die eigenen dunklen Seiten, unsere Schattenseiten, zu kennen, wie die schönen, strahlenden Seiten. Außerdem ist es wichtig, auch die dunklen Seiten liebevoll zu akzeptieren, nur dann kann man wachsen und sich weiterentwickeln. Nur was ans Licht kommt, kann geheilt und verwandelt werden. Wenn man lernt, auf diese Weise mit sich selbst umzugehen, wird man auf die gleiche Weise auch mit anderen umgehen. Man wird auf die dunklen Seiten eines anderen Menschen mild und weise blicken, weil man ja den eigenen dunklen Seiten ins Auge geschaut und sie akzeptiert hat. Immer wieder ist die Art, wie wir mit anderen umgehen, ein Spiegel, in dem wir sehen können, wie wir mit uns selbst umgehen; und wie man mit sich selbst umgeht, ist ein Spiegel, in dem man sehen kann, wie man mit anderen umgeht.

Nur, wer in sich selbst hineinlauschen kann, ist fähig, in andere hineinzuhorchen.

In sich selbst hineinzulauschen – das heißt, ernst zu nehmen, was man eigentlich innerlich fühlt und sich selbst keine Dinge aufzuerlegen, die mit dem im Widerspruch stehen, was man ganz tief in seinem Inneren spürt und als gerecht und sinnvoll erfährt. Viele Menschen sagen viel zu schnell „Ja" und tun so manche Dinge, die sie eigentlich gar nicht tun wollen. Doch sie handeln so, weil sie denken, dass es sich gehört oder weil andere das von ihnen erwarten.

In sich selbst hineinzulauschen, bedeutet zu lernen, auf die innere Stimme, die eigenen tiefsten Gefühle, auf das eigentliche, oft so verborgene Wissen zu hören. Nur, wer es gelernt hat, auf sich selbst zu hören und nicht mehr den Erwartungen von anderen entspricht, kann auch einem anderen Freiheit gewähren und ihn frei lassen. Damit schenkt dieser dem anderen die Freiheit, ganz er selbst zu sein, was sein Umfeld auch davon halten mag.

In sich selbst hineinzulauschen bedeutet auch, auf die Sprache der Träume zu achten, es bedeutet, Erwartungen ernst zu nehmen. Lernen, in sich selbst hineinzulauschen und alles ernst zu nehmen, was in Ihnen lebt, ohne Vorurteil, um dann mit tiefem Respekt für alles, was Sie innerlich gesehen und gefühlt haben, über die Frage nachzudenken, wie Sie damit respektvoll umgehen. Nur wer achtsam mit dem eigenen Inneren und allem, was darin lebt, umgeht, ist imstande, die Träume, das Verlangen und die Sehnsüchte des anderen ernst zu nehmen. Nur wer die eigene Innenwelt ernst nimmt, nimmt die Innenwelt des anderen ernst.

Und nur, wer es wagt, er selbst zu sein, gesteht anderen zu, sie selbst zu sein.

Wenn man über Beziehungen und darüber nachdenkt, wie man selbst in Beziehungen dasteht, taucht immer wieder die eine Kernfrage auf: „Haben Sie gelernt, Sie selbst zu sein? Wagen Sie es, Sie selbst zu sein?" Erst dann gestehen Sie es nämlich auch dem anderen zu, er selbst zu sein. Erst dann fühlt sich der andere bei Ihnen sicher und geborgen. Nur dann, und nicht vorher ... Daher will ich Ihnen zum Abschluss dieses Teils nur noch einmal diese eine Frage vorlegen: „Haben die Lektionen des Lebens Sie gelehrt, wer Sie selbst sein können?"

Werden Sie Sie selbst

Wir haben gesehen, wie wichtig es für Beziehungen ist, man selbst zu sein, ganz man selbst. Doch wie wird man denn man selbst? Was muss man dafür tun? Und was muss man dafür sein lassen? Wie muss man dazu mit sich selbst umgehen? Auf welche Weise muss man dabei für sich selbst sorgen?

1) *Um man selbst zu werden bzw. zu sein, ist es wichtig, sich selbst so zu akzeptieren, wie man ist.* Wir wissen, dass ein Menschenkind viel leichter eine selbstbewusste, starke und liebevolle Persönlichkeit wird, wenn es in seiner Jugend die dafür nötige Bestärkung bekommen hat. Die Bestärkung, dass es gut ist, so, wie es ist. Allerdings haben viele Menschen diese Bestätigung in ihrer Jugend entweder gar nicht oder nur sehr bruchstückhaft bekommen und wachsen daher mit vielen Selbstzweifeln und großer Unsicherheit auf. In diesem Fall geht es darum, diese Zweifel und Unsicherheit als etwas zu akzeptieren, was zu ihnen gehört. Es geht darum, diese Gefühle nicht zu verdrängen oder zu übertönen, sondern einfach zu erkennen und zu akzeptieren. Folglich geht es auch darum, sich auf die Suche nach möglichen Wegen zu machen, um an Selbstvertrauen zu wachsen, so dass Zweifel und Unsicherheit abnehmen. Was ich nun von diesen Zweifeln und dieser Unsicherheit beschreibe, bezieht sich natürlich auf jeden geistigen 'Wildwuchs' und alle Charakterzüge in uns. Akzeptieren Sie diese, suchen Sie nach einer sinnvollen Weise, um damit umzugehen, und schreiten Sie ruhig weiter auf dem Weg des geistigen Wachstums voran.

2) *Man selbst werden: Dazu gehört auch, dass man die Lebensaufgaben erfüllt, die jede Lebensphase mit sich bringt.* Beispielsweise die Aufgaben, welche die Pubertät an uns stellt, oder die Aufgaben der Jugendlichen, der Lebensmitte usw. Werden Sie sich dessen bewusst, was jede Lebensphase von Ihnen verlangt, werden Sie sich bewusst, welches geistige Wachstum und welche geistige Entwicklung von Ihnen gefordert werden. Viele Menschen kommen erst viel später im Leben zu der Erkenntnis, dass sie noch allerhand nicht gemachte Hausaufgaben zu erledigen haben. Erst dann entdecken sie, dass sie bestimmte Aufgaben, die noch aus der Pubertät oder der Jugendzeit stammen, liegen gelassen haben. Sie sind beispielsweise zu wenig geerdet, und allerhand Dinge, die sie eigentlich hatten tun wollen, haben sie aus Angst heraus liegen gelassen, oder sie haben ihre Träume und Ideale vergessen und unterdrückt. Zu einer guten Selbstversorgung gehört es nämlich auch, dass man sein eigenes inneres Wachstum und die Aufgaben, die dabei an einen gestellt werden, sorgsam im Auge behält.

3) *Zu einer guten Pflege des eigenen Innenlebens gehört auch, dass man sich seiner Intuition bewusst wird und lernt, diese Intuition sinnvoll einzusetzen.* Unsere Intuition ist ein großes Geschenk. Sie ist das Tor zu unserem verborgenen inneren Wissen, über das jeder Mensch verfügt. In unserem Inneren liegt nämlich alles Wissen aufgeschlagen, das der Mensch jemals besessen hat. Doch nur wenige finden den Zugang zu diesem Wissen.

Der Weg zu dieser Weisheitsquelle führt über den schmalen Gebirgspass unserer Intuition. Daher ist es so wichtig zu lernen, unsere Intuition ernst zu nehmen. Je mehr wir lernen, über diese Intuition zu verfügen, desto mehr beginnen viele Antworten auf die großen Lebensfragen in uns innerlich aufzusteigen.

4) *Reinheit, Ehrlichkeit, Einfachheit, Aufrichtigkeit und ein Leben aus der Kraft der Liebe sorgen dafür, dass wir lernen, unsere Intuition auf die richtige Weise einzusetzen.* Der Reichtum unseres Inneren offenbart sich nur demjenigen, der diszipliniert und beharrlich nach Ehrlichkeit und Reinheit strebt. Außerdem sollen diese Kräfte von stiller Liebe für alles, was lebt, durchdrungen sein. Wer diesen geistigen Weg beschreitet, wird über den Gebirgspass der Intuition bis in das stille Reich des Wissens hinabsteigen dürfen. Er wird ein Wissender werden.

5) *Auf diesem Weg nach innen kommen wir mit unserer Lebensaufgabe in Kontakt – nur auf diesem Weg.* Damit Sie Sie selbst werden können, ist es wichtig, dass Sie Ihre persönliche Lebensaufgabe entdecken. Warum sind Sie hier auf Erden? Was wollen Sie geben? Welche Lektionen wollen Sie lernen? Welches Opfer möchten Sie bringen? Die Erfüllung Ihrer Lebensaufgabe ist jede Anstrengung wert und erfüllt Sie mit tiefer Freude, wenn Sie sie ausführen. Es ist die eigentliche Aufgabe, für die Sie zur Erde kamen. Es ist die Aufgabe, die Sie stark macht, weil alle Ihre inneren Kräfte bereit sind, sich dafür einzusetzen. Es ist auch die Aufgabe, die Sie, wenn Sie sie ernst

nehmen, zu dem macht, wer Sie in Ihrem tiefsten Inneren sind.

6) *Wichtig bei alledem ist die Kraft des Gebets und der Meditation – die Kraft der Stille.* Nur wer still sein kann, kann das eigene Innere sprechen hören. Nur wer still sein kann, kann den Weg nach innen finden, denn er wird nicht von seinem eigenen tiefsten Wesenskern weggezogen. Nur wer still sein kann, kann in aller Ruhe darüber nachdenken und bei der guten Fürsorge des Inneren innehalten. Nur wer still sein kann, erfährt die Verbindung mit dieser anderen, größeren Welt.

Die Geschenke einer guten Selbstfürsorge

Wer sein eigenes Inneres auf die richtige Weise jahrein, jahraus pflegt, erhält im Lauf des Lebens ganz besondere Geschenke anvertraut. Diese Geschenke bestehen aus folgenden Erfahrungen:

1) *Eine lebendige Verbindung zur Welt Ihrer Träume.* Über unsere Träume stehen wir in einer direkten Verbindung mit der geistigen Welt. Über unsere Träume sprechen nämlich unser persönlicher Schutzengel, unsere lieben Verstorbenen und andere hohe Geistwesen, bis zur Christus-Ebene, zu uns. Wer die Sprache der Träume verstehen lernt, ist imstande, die Botschaften zu entziffern, die uns aus der geistigen Welt geschickt werden; und je mehr wir dazu fähig werden, auf die Botschaft der Träume zu achten, desto mehr können wir uns geistig weiterentwi-

ckeln. Es ist vergleichbar mit dem Erlernen einer neuen Sprache. Wer diese Sprache sprechen lernt, kommt mit einer neuen, unbekannten Welt in Verbindung, einer Welt des Geistes, und er wird sich bewusst, dass diese Welt die Welt unserer Herkunft und unserer Zukunft ist.

2) *Direkte Führung erfahren.* Wem es gelingt, einmal in eine lebendige Verbindung mit der Welt der Träume zu gelangen, beginnt ganz konkret, die stille Führung zu erfahren, die wir aus dieser anderen Welt erhalten. Ich kenne viele Menschen, die sich ihrer Träume nicht bewusst sind, die jedoch ein starkes Gefühl für diese unsichtbare Führung erworben haben – auch das ist also möglich. Diese Führung bringt ein tiefes Vertrauen mit, das Vertrauen, dass wir niemals, aber auch wirklich niemals, alleine stehen, weil immer eine stille Hilfe um uns herum ist und für uns bereitsteht. Dieses Vertrauen ist in vielerlei Hinsicht wichtig, vor allem aber auch deshalb, weil es uns befähigt, den anderen wirklich frei zu lassen, aus einem tiefen Verständnis heraus, dass auch dieser andere getragen und begleitet wird, ganz gleich, wie sein Weg auch verlaufen mag.

3) *Jede unserer Lebenserfahrungen wird zu einer Lektion, die es uns ermöglicht, geistig zu wachsen.* Wer auf dem Weg voranschreitet, so wie ich dies bisher beschrieben habe, entwickelt auch ein starkes Gefühl für die Tatsache, dass alle unsere Lebenserfahrungen zugleich auch Lebenslektionen sind, die nötig sind, um zu wachsen – die düsteren und schmerzhaften Lebenserfahrungen ebenso

wie die angenehmen und positiven Erlebnisse. „Ja, vielleicht", so beginnt ein Schüler zu denken, der auf dem geistigen Weg voranschreitet, „sind die düsteren Erfahrungen ja die wichtigsten Erfahrungen, weil wir nun einmal durch Schmerz und Kummer mehr geistige Kräfte erwerben als durch schöne Erfahrungen." Geisteskraft, Vertrauen und Ausdauer sind eben Geschenke, die uns gerade diese düsteren Lektionen bringen können.

Wer über eine gute Beziehung zu sich selbst verfügt, ist ein Geschenk für andere

Eine gute Beziehung zu sich selbst aufzubauen – das scheint eine lebenslange Aufgabe zu sein, die jeden Tag neu unsere Aufmerksamkeit erfordert. Doch wer diesen Weg von Wachstum und Entwicklung geht, wird zum Geschenk für den anderen, kann den anderen inspirieren, spüren, verstehen und trösten, und ihm überdies durch seine Ausstrahlung helfen, sich selbst besser zu verstehen.

Wer eine gute Beziehung zu sich selbst hat, kann den anderen inspirieren. Alle Menschen, bei welchen wir spüren, dass sie inneren Frieden und Lebensvertrauen gefunden haben, inspirieren uns. Von ihnen geht etwas aus, das uns gut tut und uns über uns selbst erhebt. Sie rufen Möglichkeiten in uns wach, derer wir uns vorher nicht bewusst waren. Sie geben uns ein Gefühl des Friedens, wo wir so oft nur Verwirrung kennen.

Wer eine gute Beziehung zu sich selbst hat, kann den anderen trösten. Alle Menschen, die nicht nur mit leeren Worten daherkommen, sondern die auch selbst durch die Dunkelheit gegangen sind, sind für uns ein Trost. Wir spüren, dass sie unseren

Kummer aus eigener Erfahrung kennen und folglich wissen, worüber sie sprechen. Es sind jene Menschen, welche die Dunkelheit des Lebens durchschritten haben, daran jedoch nicht zugrunde gegangen sind und letztendlich selbst einen tiefen Gewinn daraus davongetragen haben. Solche Menschen verstehen unseren Schmerz, unsere Ohnmacht und unseren Kummer, weil sie diesen selbst gekannt und durchlebt haben. Sie wissen, wie verloren man sich fühlen kann, wie schwach, und wie oft man sich wünscht, die Dunkelheit möge weichen. Doch sie wissen auch, welcher innerer Gewinn bevorsteht, wenn wir durchhalten und uns nicht in die Opferrolle begeben.

Wer eine gute Beziehung zu sich selbst hat, kann dem anderen Lebensvertrauen schenken: Alle Menschen, die uns Selbstvertrauen schenken, die uns respektieren und uns zu unserer eigenen Verblüffung allerlei ungekannte Schattenseiten und Möglichkeiten aufzeigen, die in uns schlummern, schenken uns auch Vertrauen ins Leben. Sie zeigen uns, dass wir stärker und zu mehr imstande sind, als wir jemals gedacht hätten. Sie zeigen uns, dass wir über viel mehr Möglichkeiten verfügen, als wir jemals geglaubt hätten.

Es ist zu hoffen, dass jeder lernt, so mit sich selbst umzugehen, dass er ein solch inspirierender Mensch für andere werden darf.

Ewige Liebe

Unsere lieben Verstorbenen
Sie möchten so gern für uns da sein,
Auch jetzt noch, da sie in die andere Welt
Eingetreten sind.

Sie hoffen, dass wir unser Herz
Weit aufmachen für sie,
Dass wir uns innerlich öffnen
Für die Inspirationen, Hilfe und Liebe,
Die sie, unsere Verstorbenen,
In unserem Herzen niederlegen möchten.

Sie hoffen auch auf Liebesberichte
Von unserer Seite, dass wir ihnen
Auch jetzt noch unsere Liebe zuströmen lassen,
So dass sie erwärmt und ermutigt
Weitergehen können
Auf ihrem Weg in dieses neue Leben.

Unsere lieben Verstorbenen:
Wir haben noch immer
Eine Beziehung mit ihnen,
Denn die Liebe stirbt niemals –
Sie kann nicht sterben,
Sie überlebt den Tod.

Macht darum euren Lieben
Auf der anderen Seite
Eure Dankbarkeit, euer Vertrauen
Und eure ewige Liebe
Zum Geschenk.
Es ist die Liebe, derer sie
Bedürfen, um in Frieden
Weiterziehen zu können.

X. Eine Beziehung zu Verstorbenen

Eine neue Welt öffnet sich

1984 öffnete sich für mich völlig unerwartet das Tor zur Geisteswelt: Der Schleier zwischen dieser und der anderen Welt wurde plötzlich transparent. Dadurch machte ich von einem Augenblick auf den anderen allerhand hellsichtige Erfahrungen. Ich sah Engel und andere geistige Wesen, sah Verstorbene, erhielt ganz konkrete Botschaften. Ich sah das Licht der geistigen Welt und hatte außerkörperliche Erfahrungen, durch die ich mit der geistigen Welt vertraut wurde – eine ganz neue Welt erschloss sich mir. Im Nachhinein betrachtet, muss ich sagen, dass diese Hellsichtigkeit sich schon viel öfter angekündigt hatte. Doch zur damaligen Zeit hätte ich niemals ahnen können, dass jene früheren Erfahrungen zu einer solch lebendigen Verbindung mit der geistigen Welt führen würden.

Wichtig für das Thema dieses Buches ist die Tatsache, dass ab jenem Moment regelmäßig Verstorbene auf mich zukamen, um mir eine Botschaft zu überbringen. Manchmal eine Botschaft für mich selbst, meist jedoch kamen sie mit einer Botschaft für einen lieben Menschen, den sie auf Erden hatten zurücklassen müssen. Seit jener Zeit habe ich verstanden, dass wir nicht nur mit unseren Lieben auf Erden liebevoll verbunden sind, sondern ebenso sehr auch mit unseren Lieben in der geistigen Welt. Die Liebe stirbt nicht. Diese Entwicklung überfiel mich regelrecht: Ich habe Jahre gebraucht, um diese Erfahrungen zu verarbeiten, ihnen einen Platz in meinem Denken einzuräumen und damit vertraut zu werden. Es waren Jahre, in welchen ich nicht nur lernen musste, anders zu denken – Glaube wird zu Wissen – sondern in welchen ich auch lernen musste, völlig auf die Hilfe und Führung aus der geistigen Welt zu vertrauen. Es waren auch Jahre, in welchen ich vorbereitet wurde, um zu einem späteren Zeitpunkt unbefangen nach außen hin Zeugnis von dieser anderen, größeren Welt abzulegen, was andere Menschen auch von mir und meinem Auftreten halten mochten.

Gleich zu Beginn wurde mir recht schnell deutlich gemacht, warum mir dieser Auftrag anvertraut wurde. Damals konnte ich das noch nicht so gut in Worte fassen, doch heute, nach vielen Jahren, habe ich gelernt, es ganz einfach auszudrücken: Weil immer mehr Menschen begonnen haben zu denken, dass es außerhalb des Lebens auf Erden kein Leben gibt. Weil immer mehr Menschen zu der Überzeugung kamen, dass nur das existiert, was unsere Sinnesorgane wahrnehmen können. Als immer mehr Menschen begannen, so zu denken, führte das zu einer großen Tragik in der geistigen Welt. Daher suchte die Geisteswelt – die Engel, die Verstorbenen und das Reich Christi – nach Möglichkeiten, um die Menschen auf Erden aufzuwecken. Es wurden immer mehr Menschen, die dafür offen waren, wachgerüttelt und erhielten den Aufruf, zu bezeugen, dass das Leben auf der anderen Seite des Todes weitergeht. Das

Verwunderliche daran ist, dass wir alle keinerlei Verfügungs-gewalt darüber hatten. Es überkam auch mich einfach, ob ich wollte oder nicht. Ich hatte nur die Wahl, diesen Auftrag aus der geistigen Welt abzulehnen oder anzunehmen. Doch selbst diese Entscheidung war relativ, denn wie konnte ich etwas ab-lehnen, das so groß, so liebevoll, so tröstend und so bereichernd ist? Was kostete es mich schon? Offensichtlich, so begriff ich recht schnell, gehörte dieser Auftrag zu meinem Leben – und es war ein Auftrag, für den ich mich einst selbst entschieden hatte, als ich noch in der geistigen Welt lebte und mich auf das kommende Erdenleben vorbereitete. Heute, viele Jahre später, kann ich sagen, dass ich verstehe, warum dies zu meinem Le-ben gehört – um es mir zu ermöglichen, meine Lebensaufgabe, die esoterische Tradition in die Welt hinauszutragen, auf sinn-volle und überzeugende Weise erfüllen zu können.

Wie Verstorbene ihre Hinterbliebenen sehen

Was ich seit jener Zeit gelernt habe, ist die Tatsache, dass die Beziehung, die wir mit anderen Menschen haben, intakt bleibt und anhält, auch wenn der andere verstorben ist. Der Tod ist nicht imstande, der Beziehung mit unseren Lieben, die verstor-ben sind, ein Ende zu setzen – diese Beziehung erhält nur eine andere Form. Das war eine erste wichtige Lektion, die ich zu lernen bekam.

Doch wie sieht diese Beziehung zu einem Verstorbenen ei-gentlich aus? Wenn ich über dieses Thema nachdenke und mich der Erfahrungen besinne, die mir zum Teil förmlich in den Schoß gefallen sind, und außerdem heranziehe, was große Denker in der Vergangenheit zu dieser Art von Erfahrungen gesagt haben, schienen mir verschiedene Aspekte hervorhebenswert.

Die Verstorbenen beginnen uns, die Hinterbliebenen, in einem bestimmten Moment – nachdem sie in die geistige Welt eingetreten sind – in einem anderen Licht zu sehen. Wenn die Liebe im Herzen der Verstorbenen in deren Leben auf Erden gewachsen ist, sie an sich selbst gearbeitet haben und dadurch geistig gewachsen sind, dürfen sie nach ihrem Tod etwas ganz Besonderes sehen, was ihnen in ihrem Leben auf Erden verborgen war. Sie dürfen hinter die Lebensaufgabe ihrer lieben Hinterbliebenen auf Erden sehen, oder, anders gesagt, auch hinter die Kulissen des irdischen Lebens ihrer Lieben blicken. Damit meine ich Folgendes: Sie dürfen sehen, was ihre Lieben hier lernen sollen, was sie für die anderen bedeuten und ihnen geben dürfen. Sie dürfen sehen, welches die Lektionen sind, die die Hinterbliebenen hier auf Erden zu meistern haben. Dadurch, dass die Verstorbenen all dies sehen dürfen, wird das *Warum* für sie zum *Darum*. Sie erkennen, was der Sinn aller Geschehnisse ist – folglich auch der Sinn der schmerzhaften und düsteren Erfahrungen – die ihre lieben Hinterbliebenen auf Erden durchgemacht haben und noch durchmachen müssen. Sie sehen, welchen geistigen Gewinn sie aus den düsteren Erfahrungen des Lebens davontragen werden und bereits davongetragen haben. Ihre bleibende Liebe für die Hinterbliebenen bringt die Verstorbenen dazu, diese beständig mit Liebe zu inspirieren, ihnen immer wieder Mut zu schenken und Vertrauen einzuflößen.

Der eine Verstorbene sieht übrigens viel weiter als der andere. Diese Gabe hängt von verschiedenen Dingen ab. Diejenigen, die mit dem Gedanken sterben, dass „tot gleich tot" ist, haben nach ihrem Tod heftig mit der Tatsache zu kämpfen, dass sie nach der Schwelle des Todes noch immer zu leben scheinen. Nicht wenige glauben daher auch, noch immer in einem Körper auf Erden zu sein und verstehen deshalb nicht, warum die Lebenden sie nicht sehen und hören. Viele von ihnen verweilen *eine Zeit lang* in der Erdatmosphäre, bevor sie endlich zur Erkenntnis kommen und weiterziehen. (Gestehen Sie mir bitte zu, dass ich den Begriff „eine Zeit lang" benutze, obwohl das eine irdische Umschreibung und keine geistige ist, denn in der geistigen Welt gibt es keine Zeit. Doch wir müssen die andere Welt nun einmal mit unseren irdischen Worten und der irdischen Denkweise beschreiben). Erst wenn die Verstorbenen in der anderen Welt 'erwacht' sind und zu der Erkenntnis kommen, dass sie gestorben sind und nun ein geistiges Leben leben und kein irdisches mehr, sind sie imstande, weiter zu ziehen und in höhere Dimensionen aufzusteigen, wo sich ihnen das geistige Panorama enthüllt, das ich soeben beschrieben habe, und ihnen das verborgene Lebensgeheimnis der Hinterbliebenen offenbart wird.

Es gehört zu den besonderen Erfahrungen in meinem persönlichen Leben, dass ich einige Male miterleben durfte, dass ein lieber Verstorbener mein eigenes Lebensgeheimnis – das weitgehend auch mir selbst verborgen ist – schauen durfte. Von jenem Moment an veränderte sich das Band zwischen diesem Verstorbenen und mir. Es wurde stärker und tiefer als es zu seinen Lebzeiten auf Erden der Fall gewesen war. Immer wieder hing die Verstärkung dieses Bandes mit der Tatsache zusammen, dass sie nun aus einem größeren Wissen heraus die verborgene Seite meines Lebens sehen durften und mich daher besser verstanden, als es früher möglich war. Folglich kann eine Beziehung mit einem Verstorbenen stärker, tiefer und intensiver werden, als dies zu den irdischen Lebzeiten dieses Verstorbenen möglich war.

Der Kummer von Verstorbenen

Die Verstorbenen möchten also aus einem größeren Wissen heraus ihre Lieben auf ihrem irdischen Lebensweg inspirieren und ihnen auf diese Weise helfen, ihre Lebensaufgabe zu verwirklichen. Dazu opfern sie in der Tat alles. Sie erleben dies als eine heilige Pflicht. Doch darüber hinaus hoffen sie wiederum im Gegenzug auf die Liebe ihrer hinterbliebenen Freundinnen und Freunde. Es ist ähnlich, wie bei Menschen, die auswandern: Früher lebten diese von den Briefen, die sie aus ihrem ehemaligen Mutterland erhielten – heute leben sie von e-mails und Telefonanrufen, die sie von ihren lieben Hinterbliebenen erhalten. Diese e-mails und Telefonate geben ihnen die Kraft, in diesem neuen Land, das ihnen noch so unbekannt ist, immer wieder ihr Bestes zu geben.

Auf vergleichbare Weise hofft der Verstorbene auf einen liebevollen Bericht von seinen geliebten auf Erden Zurückgebliebenen. Dieser Bericht ist leicht zu versenden. Der Hinterbliebene braucht nur in Liebe an den Verstorbenen zu denken und ihm diese Liebe innerlich zuzusenden – sie kommt sofort an. Doch leider denken viele Hinterbliebene, dass tot gleich tot ist und kommen daher nicht auf den Gedanken, ihren lieben Verstorbenen eine Liebesbotschaft zu schicken. Diese fehlenden Liebesbotschaften empfinden die Verstorbenen als äußerst schmerzhaften Mangel.

Außerdem merken sie, dass die Hinterbliebenen ihr Herz vor der Inspiration verschlossen haben, die sie, die Verstorbenen, ihnen schenken möchten. Wer denkt: „Tot ist tot" und folglich im eigenen Leben weiterzieht, verschließt damit sein Herz vor möglichen Inspirationen aus der geistigen Welt. Dadurch können die Verstorbenen ihre Inspiration, ihre Unterstützung und Liebe nicht „an die Frau oder an den Mann bringen". Und was ist schlimmer, als seine Liebe nicht an den gewünschten Adressaten überbringen zu können? Im Lauf der Jahre sind viele Verstorbene in der Hoffnung auf mich zugekommen, dass sie ihre lieben Hinterbliebenen über mich als Mittelsmann erreichen und jene mit meiner Hilfe dazu bringen könnten, ihr Herz wieder zu öffnen. Sie hungerten geradezu nach der wechselseitigen Kommunikation mit den Hinterbliebenen.

Ich denke, dass ich getrost von einem großen Kummer und einer großen Tragik in der Welt der Verstorbenen sprechen darf. Viele von ihnen leiden unter der Tatsache, dass die Verbindung zur irdischen Welt und den Lieben, die dort leben, unterbrochen ist, weil die geliebten Hinterbliebenen auf Erden ihr Herz verschlossen haben.

Diese Tragik ist in unserer heutigen Zeit zudem größer als je zuvor, denn gegenwärtig wissen die meisten Menschen in Bezug auf den Tod keinen Rat mehr und haben keine innere Antwort mehr darauf. Immer mehr Menschen, vor allem im Westen, gehen vom Gedanken eines absoluten Endes aus und verschließen sich damit den Verstorbenen. Noch niemals ist der Strom der Liebe, der von der Erde hinauf zu den Verstorbenen steigt, so dünn, so schmal und so kraftlos gewesen. Zum Glück ist ganz allmählich eine Wendung zum Guten hin wahrzunehmen, weil insbesondere viele Jüngere sich innerlich immer mehr der Tatsache bewusst werden, dass die Verstorbenen nur durch die Pforte des Todes in eine neue Welt eingetreten sind.

Wenn wir über die dauerhafte Beziehung mit den Verstorbenen reflektieren, werden wir folglich innehalten und darüber nachdenken müssen, wie wir ihnen unsere Liebe schenken und umgekehrt selbst für die Inspirationen, die die Verstorbenen uns zuteil werden lassen möchten, empfänglich werden können.

Ein Liebesgeschenk beim Einschlafen

In der esoterischen Tradition wird eine einfache Möglichkeit beschrieben, wie wir eine Liebesbotschaft an einen Verstorbenen schicken können. Nehmen Sie sich abends vor dem Einschlafen einen Moment lang Zeit. Sie liegen im Bett, haben vielleicht etwas gelesen und machen das Licht aus, um einzuschlafen. In diesem Moment befindet man sich zwischen zwei Welten. Sie lassen das Alltagsleben und die Sorgen des Tages für einige Stunden los und stehen an dem Punkt, in eine andere Welt einzutreten – in die Welt des Schlafes und der Träume. Die esoterische Tradition lehrt, dass wir beim Schlafen aus unserem Körper austreten und in die geistige Welt eintreten. Dort, in der geistigen Welt, haben wir jede Nacht eine Begegnung mit einem lieben Verstorbenen – und ab und zu erinnern wir uns, wie an einen Traum, bruchstückhaft an diese Begegnung.

Gehen Sie nun in jenem Augenblick zwischen Wachzustand und Schlaf, wenn Sie am entspanntesten sind, zurück zu der schönsten Erinnerung, die Sie an Ihren lieben Verstorbenen haben. Lassen Sie die schmerzhaften oder traurigen Erinne-

rungen in diesem Augenblick einmal ruhen. Holen Sie nur diese schönste Erinnerung so vor Ihr geistiges Auge zurück, als
seien Sie gleichsam nochmals in jene Zeit zurückversetzt, zurück in die Atmosphäre dieser Erinnerung. Beleben Sie diese wieder mit aller Wärme, Zärtlichkeit und Freude, die damit verbunden sind. Erleben Sie diese Erinnerung so, dass Sie,
während Sie im Dunklen daliegen, wieder glücklich und tief
gerührt zu strahlen beginnen. Wenn Sie diese Rührung wieder
spüren, sind Sie im gleichen Augenblick erneut ganz mit Ihrem
lieben Verstorbenen verbunden; denn die Rührung und die Liebe, die aus Ihrem Herzen kommen, erreichen den anderen dort,
in der geistigen Welt, sofort. Emotionale Ergriffenheit und Liebe sind nämlich nicht an Grenzen gebunden, und geistige Erfahrungen und Gefühle erreichen die geistige Welt, ohne dass
ihnen irgendetwas im Weg stehen könnte. Im gleichen Augenblick, da Sie das Geschenk Ihrer ewigen Liebe verschicken,
spürt der Verstorbene diese Wärme im eigenen Herzen – denn
Liebe kommt immer an.

Verschicken Sie solche Liebesbotschaften regelmäßig und
machen Sie sich bewusst, wie wichtig diese Botschaften für
Ihre(n) Lieben sind. Vergessen Sie nicht: Es erscheint vielleicht so banal, dieses kleine Geschenk zu verschicken, doch
in der geistigen Welt stellt es ein Geschenk von großem Wert
dar. Dort zählen nur noch geistige Dinge, und nur diese haben
dort Bedeutung und sind von Wert. Merkwürdigerweise verhält sich das auf Erden anders. Eine Geste der Liebe – ein Lä-
cheln, eine Hand auf der Schulter oder vielleicht ein verständ-
nisvolles Wort – schätzen wir zwar, doch wir finden ein großes
neues Auto, ein zweites Haus oder irgendetwas Vergleichbares
aus diesem Bereich oft wichtiger und kostbarer als dieses Lä-

cheln, diese Hand oder dieses Wort. Materie hat hier auf Erden meist mehr Wert für uns als etwas rein Geistiges. In der geistigen Welt verhält sich das genau umgekehrt. Daher erscheint es so banal für uns: Ein liebevoller Gedanke oder eine Erinnerung – ist das schon alles, was wir dem Verstorbenen schenken können? Wenn dies aus einem reinen, liebevollen Herzen kommt, ist es das größte Geschenk, das wir uns nur ausdenken können.

Drei besondere Geschenke

In unserem Buch „Begegnungen im Lichtreich – Vom Umgang mit Verstorbenen" haben Margarete van den Brink und ich ausführlich beschrieben, welche Geschenke wir den Verstorbenen noch machen können. Es gibt drei Möglichkeiten:

1. Unsere Dankbarkeit
2. Unser Vertrauen
3. Unseren Mut und unsere Bereitschaft, trotz des Mangels und des Kummers doch wieder einen neuen Lebensweg auf Erden zu suchen

Dies sind für unsere Lieben auf der anderen Seite ganz besondere und sehr kostbare Geschenke, die einen großen Einfluss auf den Weg haben, den sie dort nehmen. Wenn wir unsere Lieben beispielsweise einfach nicht loslassen können, halten wir sie fest und stehen ihnen dabei im Weg, in höhere Dimensionen aufsteigen zu können. Doch wenn wir bereit sind, durch den Kummer hier auf Erden hindurch einen neuen Weg nach vorn zu suchen, dann schenken wir unseren Lieben auf der anderen Seite damit einen hilfreichen Impuls auf dem Weg, den sie dort gehen. Wer mehr über all dies wissen möchte, den verweise ich gerne auf das oben genannte Buch.[19] Darin können Sie auch lesen, wie unsere lieben Verstorbenen auch uns manchmal ganz konkret helfen und beistehen. [20]

Im Rahmen des hier vorliegenden Buches geht es mir persönlich vor allem darum, deutlich zu machen, dass wir nicht nur mit uns selbst eine Beziehung haben, auch nicht nur mit unseren irdischen Lieben, Freundinnen/Freunden, Bekannten usw., sondern darüber hinaus auch mit denjenigen, die auf der anderen Seite des Schleiers leben. Wer diese Beziehung vergisst und dieser keine Plattform bietet, schadet nicht nur sich selbst, sondern auch den Verstorbenen. Doch wer sich dieser Beziehung bewusst ist und regelmäßig die Verbindung mit den Verstorbenen sucht und ihnen Geschenke zukommen lässt, ist ein Segen für unsere Lieben auf der anderen Seite.

Haltet sie nicht fest

Haltet sie nicht fest – unsere Lieben,
Die uns vorausgegangen sind
In die Welt der vollkommenen Liebe.
Lasst sie in Freiheit ihren Weg
In das Land des Lichtes finden
Und gönnt ihnen ihren Aufenthalt im Haus
Des vollkommenen Friedens – ihres Zuhauses.

Haltet sie nicht fest, unsere Lieben,
Durch einen Kummer, an dem ihr festhaltet,

Eine Beziehung zu Verstorbenen

Und der keine Tränen kennt. Haltet sie
Nicht fest mit eurem Zorn und ruft
Sie nicht zurück, weil ihr Angst habt,
Allein weitergehen zu müssen.

Unsere Lieben brauchen eine Liebe,
Die ihnen das neue Land gönnt
Und sie nicht aus Eigennutz zurückruft.
Sie brauchen unser Gebet
Als liebevolles Geleit
Auf ihrem Weg nach Hause. Betet also
Jeden Tag und bittet um eine gute Reise.

Unsere Lieben sind nicht tot,
Sie leben. Und unser Band, das uns mit ihnen
Verbindet, ist nicht durchtrennt – die Liebe
Währt ewig. Und sie bleiben auch dort
Mit uns verbunden, wie wir
Mit ihnen. Sie sind nämlich nur
Durch das Tor des Todes
In eine neue Welt eingetreten.

Haltet sie nicht fest, sondern gönnt ihnen
Jenes neue Haus, diesen ewigen Frieden.

Ein kostbares Geschenk

Mein Engel sorgt für mich,
Er inspiriert mich und leitet mich.
Er – oder sie – ist es, der mich
Auf meinem Weg führt und mir hilft,
Meine Lebensaufgabe zu erfüllen.

Doch mein Engel braucht
Wiederum seinerseits auch mich:
Meine Begeisterung, meine Zufriedenheit
Und meine Liebe.
Dies sind Geschenke
Durch die mein Engel wächst
Und die ihr/ihm weiterhelfen
Und sie/ihn wachsen lassen.

Mein Engel und ich:
Gemeinsam sind wir auf dem Weg
Und sorgen füreinander.

Doch seht: Je mehr ich mir
Der stillen Anwesenheit
Meines Engels bewusst werde,
Desto mehr erfahre ich liebevolle Führung,
Verborgene, stille Fürsorge
Und unsichtbare Liebe,
Die mich tragen, geleiten und inspirieren –
Ein Leben lang.

So wächst eine offene Verbindung
Mit der geistigen Welt
Und ich werde mir nicht nur
Der tragenden Kraft meines Engels
Bewusst, sondern zugleich auch der Liebe,
Die Christus selbst mir entgegenbringt.

Und je mehr ich mir seiner Liebe
Bewusst werde, desto mehr
Beginne ich sein Gesicht zu sehen,
Diese strahlenden Augen, erfüllt von Liebe,
Eine kosmische, alles umfassende Liebe.

Diese Augen, das Gesicht,
Das größte, kostbarste Geschenk,
das ich jemals erhalten habe.

XI. Eine Beziehung zu Engeln

Die Rückkehr der Engel

In der heutigen Zeit kommen immer mehr Menschen in Kontakt mit den Engeln. Manche sehen Engel, andere spüren ihre fürsorgliche Nähe, wieder andere erfahren eine konkrete Führung, die von den Engeln ausgeht. Wieder andere wissen einfach: Natürlich gibt es Engel, die für uns sorgen. Die Bücher, in welchen über die zahlreichen, oft so unterschiedlichen Erfahrungen berichtet wird, die Menschen in unserer Zeit mit Engeln zuteil werden, kann man gar nicht mehr zählen, so viele sind es. [21] In all diesen Büchern wird erzählt, wie die Engel uns helfen, uns trösten, uns Erkenntnis bringen und uns manchmal aus heiklen Situationen retten.

Früher war der Glaube an Engel etwas, was den Menschen durch die Kirche angeboten wurde. Damit war es ein Glaube, der in erster Linie von außen kam. Man glaubte an Engel, weil der Pastor oder Pfarrer erzählte, dass es so sei. Es ist faszinierend festzustellen, dass heutzutage immer mehr Menschen nicht so sehr *glauben*, sondern von innen heraus *wissen*, dass es eine Engelwelt gibt. Kam der Glaube an die Engel früher von außen, so ist es heute ein Wissen, das von innen aufsteigt.

Einige Jahrzehnte lang, etwa seit dem Zweiten Weltkrieg,

wandte sich der westliche Mensch immer mehr von den Engeln ab. Der Rationalismus feierte Hochblüte, und der Verstand wurde mehr und mehr zum Maßstab aller Dinge. Generell dachte der Mensch, dass nur das, was unser Denken beweisen kann, existiert – und weil unser Denken die Existenz der Engel nicht beweisen kann, war das für viele Menschen Grund genug, die Engel als Phantasiegebilde oder Erfindung abzutun. So wie der Nikolaus ein Einfall des Menschen ist, sind auch die Engel vom Menschen erfunden worden, so sagte man. Doch auffälligerweise erleben wir in unserer Zeit, wie die Engel, nachdem der westliche Mensch sie jahrzehntelang aus seinem öffentlichen und inneren Leben verbannt hatte, wieder aus der Versenkung aufgetaucht sind. Wir stellen fest, dass sie eine immer größere Rolle im Innenleben vieler Menschen zu spielen beginnen. Im Jahr 2006 wurde in Hamburg der „Erste Internationale Engel-Kongress" abgehalten, und er wurde sofort ein durchschlagender Erfolg.[22] Es wurde ein Buch nach dem anderen über Engel veröffentlicht. Insbesondere die jüngere Generation scheint eine natürliche innere Verbindung zur Engelwelt zu haben.

Eine neue Beziehung zu den Engeln

Die esoterische Tradition geht von der Erkenntnis aus, dass hier auf Erden nichts rein zufällig geschieht, sondern hinter allem, auch hinter unbegreiflichen Ereignissen im Leben, ein für uns verborgener Sinn und Zweck steckt. Wenn alle Ereignisse einen tieferen Sinn haben, dann muss folglich auch hinter der Tatsache ein tieferer Sinn verborgen liegen, dass die Menschen Jahrhunderte lang an die Engel geglaubt, diesen Glauben in der zweite Hälfte des letzten Jahrhunderts verloren haben, ihn nun aber auf neue Weise wiederfinden. Sie finden ihn gegenwärtig als ein Wissen wieder, das von innen kommt – und folglich ist es mehr ein sicheres Wissen als ein Glaube. Angesichts dieser Entwicklung stehen wir vor der Frage: „Welche verborgene Bedeutung liegt hinter dieser ins Auge fallenden Entwicklung?"

Gemäß der esoterischen Tradition zogen sich die Engel im letzten Jahrhundert Schritt für Schritt aus unserem Bewusstsein zurück, um uns die Chance zu geben, uns unserer Selbstständigkeit bewusst zu werden und zu lernen, unsere Freiheit zu akzeptieren. Indem sie sich zurückzogen, schenkten sie uns die Chance, geistig zu wachsen. Doch nun, in der heutigen Zeit, kehren die Engel zurück, um sich auf neue Weise mit uns zu verbinden. Waren wir früher wie Kinder, die sich von ihren geistigen Eltern abhängig fühlten, dürfen wir nun lernen, mit den Engeln wie mit unseren älteren kosmischen Brüdern und Schwestern umzugehen. Baten wir früher die Engel bei allem, was wir taten, fortwährend um Hilfe, Rat und Unterstützung, gehört es nun immer mehr zu unserer Verantwortung, nicht nur zu bitten, sondern auch zu geben. Wir entdecken, dass die Engel uns auf bestimmte Weise brauchen, so, wie wir auch sie brauchen. Daher gehört es in der heutigen Zeit zu unserem menschlichen Aufgabenbereich, herauszufinden, wie wir sie unterstützen und ihnen die Liebe schenken können, die sie ihrerseits auf ihrem Weg benötigen.

Ich kann es auch so formulieren: Die Rückkehr der Engel in unser Bewusstsein hat in der heutigen Zeit den Sinn, dass wir lernen, uns auf neue Weise mit ihnen zu verbinden – auf einer Ebene der Gleichberechtigung anstelle der Abhängigkeit. Diese Aufgabe können wir nur dann erfüllen, wenn wir uns bewusst werden, dass wir heute auch eine Beziehung zu den Engeln haben, und wenn wir bereit sind, über den Inhalt und das Wesen dieser Beziehung nachzudenken.

Was Engel von Menschen brauchen

Jede Nacht treten wir, wenn wir schlafen, aus unserem Körper aus und machen eine Reise durch die geistige Welt. Leider lassen wir unser physisches Gedächtnis dabei in unserem Körper zurück. Daher erinnern wir uns morgens, wenn wir in unseren Körper zurückgekehrt und aufgewacht sind, fast nicht mehr an unsere nächtlichen Reisen. [23] Manche Menschen erinnern sich jedoch sehr wohl an ihre Träume. Diese sind in vielen Fällen eine schemenhafte Erinnerung an die nächtlichen Abenteuer. Wenn wir in unseren Träumen einem Verstorbenen oder einem Engel begegnen, ist das in der Tat mehr als ein Traum – es ist die Wirklichkeit auf der geistigen Ebene.

Während dieser nächtlichen Reisen begegnen wir auch unserem persönlichen Schutzengel. Bei dieser Begegnung geben wir ihr oder ihm – Engel sind androgyn, also sowohl weiblich als auch männlich – die Geschenke, die wir beim Einschlafen für die Engel mitgenommen haben. Es sind drei Dinge:

1. Die Begeisterung, mit der wir am vergangenen Tag über unsere Ideale gesprochen haben – und zwar über unsere geistigen Ideale. Wie wir uns beispielsweise für andere einsetzen können, um ihr Schicksal zu verbessern; oder was wir tun können, um Vorurteile aufzulösen, Brücken zwischen Menschen aufzubauen oder Liebe um uns her-

um zu versprühen. Wenn wir am vergangenen Tag anderen darüber mit Enthusiasmus erzählt haben, nehmen wir in der Nacht ein Leuchten der Freude mit und schenken dies unserem Engel. Dieses freudige Leuchten bleibt nämlich, nachdem wir darüber gesprochen haben, in unserem Herzen zurück, einfach weil es so schön war, über unsere Ideale zu erzählen. Vergessen Sie hierbei nicht, dass dieses Geschenk, dieses freudige Leuchten, für die Engel auch wirklich ein wichtiges Geschenk ist. Es ist ein Geschenk, das es ihnen möglich macht, sich weiterzuentwickeln. Auch hier müssen wir uns bewusst werden – ebenso wie das im vorangegangenen Kapitel im Hinblick auf die Verstorbenen galt – dass ein solches geistiges Geschenk uns vielleicht nicht als etwas Besonderes vorkommt. Für die geistige Welt ist es jedoch von unschätzbarer Bedeutung.

2.   Das zweite Geschenk, das wir nachts mitnehmen und – mit irdischen Worten ausgedrückt – unseren Engeln übergeben (in Wirklichkeit strömt es wie von selbst aus unserem Herzen ins Herz des Engels), ist das Geschenk unserer Zufriedenheit. Damit ist die Zufriedenheit gemeint, die wir abends, wenn wir einschlafen, erfahren können. An einem Abend haben wir das Gefühl: „Schön, dass dieser Tag vorbei ist." Am nächsten Abend liegen wir ganz zufrieden im Bett, weil alles gut gelaufen ist. Diese Zufriedenheit ist das Geschenk, das bei unserer nächtlichen Begegnung aus unserem Herzen ins Herz unseres Engels strömt.

Diese Zufriedenheit ist für unseren Engel äußerst wichtig, weil sie aus der Tatsache resultiert, dass wir während des nun abgelaufenen Tages dazu gekommen sind, unsere karmischen Aufgaben zu erfüllen, und weil wir (wieder) einen Teil unserer Lebensaufgabe erfüllt haben. Uns dazu zu bringen, uns dieser beiden – unserer Lebensaufgabe und unserer karmischen Aufgabe – auch tatsächlich bewusst zu werden, ist die Aufgabe, die unser Engel auf sich genommen hat. Daher ist es für sie/ihn eine große Freude, sehen zu dürfen, dass ihre/seine Inspiration hierzu geführt hat.

3.   Das dritte Geschenk ist das größte und wichtigste Geschenk: Es ist der Abglanz der Liebe, die wir an diesem Tag anderen Menschen erwiesen und geschenkt haben. Der Abglanz einer reinen, bedingungslosen und selbstlosen Liebe. Die geistige Welt, die Welt der Engel, ist eine Welt purer Liebe. Daher ist für sie das Geschenk der Liebe eindeutig das größte und wichtigste Geschenk, das sie sich nur wünschen können. Auch für dieses Geschenk gilt, dass es für die Engel auf ihrem Weg zum geistigen Wachstum ein Impuls und eine Motivation ist. [24]

Mit diesen drei speziellen Geschenken sind noch weitere Besonderheiten verbunden, etwa dass das erste Geschenk insbesondere für die Erzengel bestimmt ist. Diese sind die Hüter der Sprache. Für sie ist folglich das Geschenk des Enthusiasmus, mit dem wir über unsere Ideale berichtet haben, bestimmt. Das zweite Geschenk, die Erfüllung unserer karmischen Aufgabe, ist für die Archai bestimmt, das sind jene Engel, die unser Karma hüten und lenken. Das dritte Geschenk, das Geschenk der Liebe, ist für die allerhöchsten Engel, die Seraphim, bestimmt. Sie sind nämlich die Engel, die alles Leben im gesamten Kosmos in die kostbare Kraft der Liebe einhüllen.

Alle drei Engelgruppen, die Erzengel, die Archai und die Seraphim, geben uns auch bestimmte Geschenke zurück, die wiederum für unsere Entwicklung wichtig sind. Im Rahmen dieses Buches führt es freilich zu weit, dies näher auszuführen. Daher verweise ich in diesem Zusammenhang gern auf mein Buch „Mit Engeln leben". [25]

Eine Beziehung mit der geistigen Welt

Wir haben folglich nicht nur mit vielen Menschen in unserem Umfeld und mit Verstorbenen eine Beziehung, wir haben auch eine Beziehung mit Engeln. Doch das ist noch nicht alles: Wir haben darüber hinaus auch noch eine Beziehung zur geistigen Welt. Damit meine ich Folgendes: In unserer Meditation, in unserem Gebet, in unseren inneren Gesprächen mit Gott, mit Christus oder mit unserem persönlichen Engel, oder wie auch immer Sie die geistigen Wesen in jener anderen Welt sonst bezeichnen möchten, stehen wir in direkter Verbindung mit der geistigen Welt. Für mich persönlich ist ein Leben in Verbindung mit der geistigen Welt unverzichtbar; es ist die Verbindung, die mir Kraft für das irdische Leben gibt, die Verbindung, aus der ich all mein Vertrauen schöpfe und die mir den Mut schenkt, immer wieder vorwärts zu gehen. Zu beten bedeutet für mich dabei nicht nur, die Hände zu falten und still zu sein, sondern es ist für mich vielmehr ein fortwährender innerer Dialog mit dieser größeren Welt. Man kann es auch als fortwährendes inneres Aufschauen zur geistigen Welt bezeichnen. Für mich ist dies die einzig denkbare Lebensweise und die einzige Art und Weise, um hier auf Erden, inmitten aller Gewalt, inmitten des ganzen Kummers, den Menschen einander zufügen, und inmitten der Grausamkeiten, mit welchen sie einander manchmal nach dem Leben trachten, die innere Ruhe, die Liebe und das Vertrauen zu bewahren.

Bürger zweier Welten

Immer mehr Menschen beginnen, sich der Tatsache bewusst zu werden, dass wir hier auf Erden zwar in einem physischen Körper leben, jedoch vor unserer Geburt in der geistigen Welt lebten und nach dem Tod wieder in jene Welt zurückkehren werden. Wir sind geistige Wesen, die eine Zeit lang, in einen physischen Körper gehüllt, auf die Erde kommen, um bestimmte Lektionen zu lernen. Doch wenn wir während unseres irdischen Lebens unsere Herkunft und unsere Zukunft vergessen – und folglich vergessen, wo wir eigentlich herkommen und wo wir bald wieder hingehen werden – fallen wir in den Schlaf, verraten wir unser tiefstes Wesen und verlieren die Verbindung zu unserem tiefsten Selbst. Unser Ego gehört vor allem zur Erde und ist zur Erde hin orientiert, doch unser Höheres Selbst, unser innerer Christus, unsere Buddha-Natur oder unser Geist gehörten zur geistigen Welt. Wer daher die Verbindung zur geistigen Welt verliert, verliert die Verbindung zu seinem tiefsten Wesenskern. Daher ist es in unserer Zeit so wichtig, eine lebendige Verbindung zur geistigen Welt aufrechtzuerhalten, um dadurch zu dem werden zu können, der wir eigentlich in unserem tiefsten Inneren sind – Menschen, die nicht auf der Ebene ihres Egos leben, sondern auf der liebevollen Ebene ihres Höheren Selbst.

Eine Beziehung mit Christus

Unter dieser Überschrift möchte ich etwas erzählen, das für mich das kostbarste, intensivste, aber auch am schwierigsten in Worte zu fassende Geheimnis unserer wachsenden Beziehung zur geistigen Welt ist. Verzeihen Sie es mir daher, dass ich es einerseits nicht lassen kann, etwas über dieses Geheimnis zu erzählen, andererseits aber stammelnd und stotternd nach Worten suchen muss, weil dieses Geheimnis größer ist, als man mit Worten ausdrücken kann, und sich in der Tat aller Worte entzieht. Ich versuche dennoch, es in Worte zu fassen, weil ich weiß, dass viel mehr Menschen außer mir diese Erfahrung kennen, und weil ich es nicht lassen kann, etwas zu erzählen, das mein Herz so erfüllt.

Die Beziehung, die wir allmählich mit der geistigen Welt aufbauen, läuft eines Tages auf eine Begegnung mit Christus hinaus. Mit *Christus* meine ich den höchsten kosmischen Geist der Liebe, der sich einst im Menschen Jesus von Nazareth verkörpert hatte und in diesem zur Erde hinabstieg. Allein schon dieser endlose Weg des Abstiegs durch alle Ebenen hindurch war ein Weg beständiger Opfer! [26] Immer, wenn ich in einer Meditation bei diesem Ereignis innehalte, erfahre ich, dass dieser Abstieg die größte Einleitung zum entscheidendsten Ereignis in der gesamten Evolution der Menschheit ist.

Dieser Abstieg Christi hinab zur Erde machen es möglich, dass wir nun, in der heutigen Zeit, dieses ganz besondere geistige Wachstum durchlaufen können, das sich hinter der Verwirrung unserer Zeit verbirgt. [27] Die Tatsache, dass wir in unserem Inneren *unser Höheres Selbst* oder *unseren inneren Christus* finden und diesen zu einer lebendigen, wirksamen Kraft in uns machen können, haben wir Christus zu verdanken, der diese Kraft in uns ins Leben gerufen hat. Dies ist das große Geschenk, das durch seinen Abstieg auf die Erde möglich wurde.

Wenn wir durch die lebendige Verbindung mit der geistigen Welt die Kraft der kosmischen Liebe immer stärker erfahren, kann es geschehen, dass sich uns ab und zu die vagen Konturen eines leuchtenden Gesichtes zeigen: Das strahlende Gesicht des kosmischen Christus. Er, der die Liebe ist und sie verkörpert. In mir und in vielen anderen ebenfalls ruft dieses Gesicht, diese Gestalt, die gesamte Liebe unseres Herzens wach. Ich kann es nur so sagen: Wer dieses Gesicht schaut, der sieht darin alle kosmischen Welten vereint. Er sieht, dass dieses Gesicht nicht nur die Essenz des Lebens beinhaltet, sondern auch des Kosmos und des Seins. Die tiefsten, doch auch die stärksten Gefühle unseres Herzens werden durch dieses Gesicht berührt und werden so lebendig. Sobald wir die Auswirkungen dieser derart intensiven Gefühle in uns erfahren, entsteht ein Gefühl, nach Hause zu kommen, endlich unsere Bestimmung zu finden und zu entdecken, dass genau dieses Gesicht, diese Gestalt, das Ziel all des Heimwehs unseres Herzens gewesen ist. Das Bewegendste an diesem Gesicht sind die Augen. Wenn diese Augen Sie anschauen, erfahren Sie bis in Ihr tiefstes Inneres, dass Sie gut sind, so wie Sie sind. Sie erfahren, was Liebe in ihrem tiefsten Wesenskern ist, Sie erfahren, dass Sie über diese Augen mit dem Herzen des Kosmos verbunden sind. In diesen Augen erfahren Sie auch den Sinn und die Erfüllung von Beziehungen. Im *Anderen* kommen Sie zu sich selbst nach Hause, in der Verbindung mit dem *Anderen* erfahren Sie die Kraft der wahren Liebe; und verbunden mit dem *Anderen* erfahren Sie die wahre Einheit.

Gesegnet der Mensch, der weiß ...

Gesegnet der Mensch, der weiß,
Dass die stille Liebe Gottes
Uns immer trägt und festhält,
Was in unserem Leben auch geschehen mag.

Gesegnet der Mensch, der weiß,
Dass Gott uns keinen Moment
Aus den Augen verliert, auch nicht,
Wenn das Leben uns schwer fällt.

Gesegnet der Mensch, der weiß,
Dass der Weg uns gewiesen wird,
Auch wenn wir noch nicht wissen,
Wie dieser verläuft und wo er uns hinführt.

Gesegnet der Mensch, der weiß,
Dass alle unsere Wege auf ein Ziel hinauslaufen –
In die Hände des Herrn, der unser
Ursprung und unsere Bestimmung ist.

Gesegnet der Mensch, der weiß.

Das Gewand der Liebe

Arbeite an dir selbst, gehe den Weg
Vom Ego weg hin zum Höheren Selbst,
Und gehe den Weg der Liebe.
Betrachte alle Menschen
Als deine Brüder und Schwestern.
Sieh', wie du dich dadurch,
Und nur dadurch,
Einer neuen Zeit näherst.

Erfahre die Kraft der Liebe,
Spüre, wozu dein Herz fähig ist,
Und triff eine Wahl:
Entscheide dich für die reine Liebe.

Lebe dann die Liebe,
Wage es, verletzlich zu sein,
Gib dich selbst, so wie du bist,
Und hülle dich und den anderen
In das Gewand der Liebe.

XII. Auf dem Weg zu neuen Beziehungen

Leben auf der Ebene des Höheren Selbst

Wie wir gesehen haben, unterliegen Beziehungen fortwährendem Wachstum und dauernder Veränderung. Wir Menschen verändern uns – und unsere Beziehungen verändern sich mit uns. Im ersten Kapitel stellten wir fest, dass es in dieser besonderen Zeit unsere Aufgabe ist, unsere Beziehungen auf die Ebene des Herz-Chakras zu bringen. Das bedeutet, dass es unsere Aufgabe ist, alle unsere Beziehungen auf eine Ebene aufrichtigen Respekts, unbefangener Liebe und vollkommener Gleichberechtigung zu heben.

Standen früher die meisten Beziehungen im Zeichen der Autorität und folglich nicht im Zeichen der Gleichberechtigung, müssen wir nun lernen, in jeder Hinsicht und in allen Situationen auf einer Ebene absoluter Gleichberechtigung miteinander umzugehen. In allen Situationen! Wenn wir darüber nachdenken, was das dann ganz konkret bedeutet, müssen wir wohl oder übel feststellen, dass es in jedem Fall Folgendes beinhalten muss. Wir sollen voreinander nicht mehr 'brav' sein und einander respektieren, weil wir es müssen; denn die dominante

Autorität der Kirche und Obrigkeit entfällt immer mehr, sondern nur noch, weil wir es von innen heraus wollen und uns dafür selbst entscheiden.

Für Beziehungen auf dieser neuen Ebene, der Ebene des Herz-Chakras, ist es nötig, dass jeder von uns persönlich den Übergang von einem Leben auf der Ebene seines Egos hin in ein Leben auf der Ebene seines Höheren Selbst vollzieht. Unser Ego will Dominanz, Autorität, Macht über andere und damit folglich die Abhängigkeit anderer. Unser Ego kennt nur die Ebene der Macht und steckt alle Beziehungen in diese Schublade, in die Schublade von Macht und Abhängigkeit. Doch unser Höheres Selbst lebt auf der Ebene der Liebe, des Respekts und der Gleichberechtigung. Wenn wir lernen, unser eigenes Leben auf die Ebene des Höheren Selbst zu heben, werden alle unsere Beziehungen dadurch wie von selbst auf eine andere Ebene gelangen, auf die Ebene von Respekt voreinander, auf die Ebene von Gleichberechtigung und Liebe.

Noch ist es nicht so weit. Noch merken wir vor allem, dass viele Beziehungen nicht mehr auf die alte Weise funktionieren und in die Brüche gehen. Dieser Anstieg an gescheiterten Beziehungen, an Brüchen und manchmal sogar an einem dauerhaften Streit zwischen Menschen, die einander vorher liebten, muss deutlich machen, dass es nur eine Lösung gibt – an uns selbst zu arbeiten, und zwar so an uns zu arbeiten, dass wir spüren, wie wir langsam aus der Ebene unseres Egos herauswachsen in die Ebene unseres Höheren Selbst. Je weiter wir wachsen, desto mehr werden wir merken, dass wir dadurch auch anders mit unseren Beziehungen umgehen.

Eine faszinierende Übergangszeit

Wir leben in einer entscheidenden Übergangszeit. Ein altes Zeitalter geht zu Ende, ein neues Zeitalter liegt gerade in den Geburtswehen und steht kurz vor seiner Geburt. Das Faszinierende daran ist, dass wir am Umgang miteinander ablesen können, wie weit der Übergang bereits fortgeschritten ist. Das alte Zeitalter ist das der Dominanz, der Macht über andere, der Aggression, der Kriege und des Streites. Im alten Zeitalter kennen die Menschen nämlich keine andere Art, als die des Egos, um beim anderen zu erreichen, was sie von ihm gern haben möchten. Folglich greifen sie zu Mitteln und Wegen, die das Ego ihnen anbietet; und das sind immer aggressive Methoden, die nur Streit, Unterwerfung und Beherrschung mit sich bringen.

Doch im neuen Zeitalter werden die Menschen andere Methoden und Möglichkeiten nutzen, um auf das Ziel hinzuarbeiten, das sie gern erreichen möchten. Zu diesen Mitteln gehört auch eine neue Form der Kommunikation, das offene, unbefangene Gespräch ohne Vorurteile. Dabei versucht man, den anderen allein durch die eigene Begeisterung dazu zu bewegen, dass er bereit ist, mitzuhelfen, die Ziele, die Sie sich stecken, zu erreichen. Zu diesen Mitteln gehört außerdem das respektvolle Vertrauen ineinander, auch wenn der andere anders denkt, glaubt und lebt als wir. Doch darüber hinaus gehört beispielsweise auch dazu, dass man für den anderen ein offenes Ohr hat und so auf ihn hört, dass man ab und zu die eigenen Ziele anpasst, weil man sich durch den anderen hat überzeugen lassen. Das funktioniert nur, wenn man sich Respekt, Anerkennung und ehrfürchtige Liebe auf die Fahnen schreibt, um sein Ziel zu erreichen.

Im neuen Zeitalter werden Krieg, Aggression und Gewalt nicht mehr zu den Methoden gehören, welche die Menschen einsetzen, um ihr Ziel zu erreichen. Die neuen Wege sind Respekt, Vertrauen, Offenheit und Liebe. Das klingt für uns heute noch unerhört und unvorstellbar. Doch gerade in unserer Zeit werden wir tagaus, tagein mit der Tatsache konfrontiert, dass Krieg, Aggression und Gewalt zu nichts führen – und ganz sicher nicht zu einer Welt, in der es sich gut leben lässt. Gerade das ist jedoch das Ideal für die meisten Menschen. Folglich werden wir in dieser dunklen Zeit wie von selbst zu der Schlussfolgerung kommen, dass der alte Weg uns nicht das bringt, was wir erreichen möchten – eine Welt des Friedens. Dadurch wird wie von selbst langsam die Bereitschaft entstehen, neue Wege zu suchen sowie neue Formen, miteinander umzugehen.

Ein erreichbares Ideal

Viele Leser werden vielleicht denken, dass ich die Wirklichkeit ein wenig aus den Augen verliere und lauter Luftschlösser baue. Doch die esoterischen Traditionen aller großen Kulturen und Religionen haben immer wieder auf diese Zeit als die Zeit des großen Übergangs hingewiesen. [28] Sie weisen auch darauf hin, dass in der Zeit, die dem großen Durchbruch in ein neues Zeitalter des Friedens vorausgeht, das Dunkle auf Erden zunehmen wird und viele Menschen in Angst verfallen werden. Um es bildlich auszudrücken: Die Nacht ist am dunkelsten, bevor das erste Morgenlicht durchbricht. Gemäß der esoterischen Tradition leben wir gerade in dieser dunklen Phase, die dem Durchbruch des ersten Morgenlichtes vorangeht. Noch ist es rabenschwarz. Doch wer genau hinschaut, sieht, wie die ersten Lichtstrahlen einer neuen, liebevollen und hoffnungsvollen Zeit bereits am Horizont sichtbar werden. Das Bewusstwerden in unserer heutigen Zeit, die schnellen Veränderungen und das Wegfallen von so manchen Mauern – politischen wie religiösen – verursachen zwar Angst, Unsicherheit und Vorurteile, werden letztendlich jedoch zu einer neuen Menschheit führen, zu einer Welt, die uns erwartet.

Der Weg in diese neue Welt wird durch uns selbst gebahnt werden (müssen). Diesen Weg gehen wir wie von selbst, wenn wir auf neue Weise miteinander umgehen, auf der Ebene unseres Höheren Selbst. Nur auf diesem Weg werden wir auch tatsächlich in dieses neue Zeitalter eintreten. Das bedeutet, dass wir, wenn wir an uns selbst und folglich auch an unseren Beziehungen arbeiten, dieses neue Zeitalter ganz konkret herbeiführen. So wichtig ist folglich unser Einsatz für gute, liebevolle Beziehungen in Gleichberechtigung:

- Wir selbst, jeder persönlich, bestimmen, wie lange es noch dauert, bis dieses neue Zeitalter anbricht.
- Wir selbst, jeder persönlich, sind nötig, um diese neue Zeit herbeizuholen.
- Wir selbst bestimmen, wie lange der große Übergang dauern wird. Das einzige, was für ein schnelles positives Resultat erforderlich ist, ist die stille Arbeit an uns selbst und die neue Art und Weise, miteinander umzugehen.

Liebe – das letzte, das höchste, das tiefste Wort

Ein Buch über Beziehungen kann nur mit diesem einen Wort enden – mit der *Liebe*.

Vergessen Sie notfalls alles, was in diesem Buch steht – obgleich ich es mit Liebe geschrieben habe – und merken Sie sich dieses eine Wort – die LIEBE. Lassen Sie sich dieses Wort auf der Zunge zergehen, lassen Sie es in Ihrem Herzen erklingen, schöpfen Sie die Wärme dieses Wortes aus und leben Sie dieses Wort – leben Sie die Liebe.

Lebe dann die Liebe

*Liebe – es ist die Kraft der Liebe, die den Kosmos
Ins Dasein rief.
Es ist die Kraft der Liebe, von der die Engel leben.
Wahre Schöpferkraft und wahre Kunst gründen auf der Liebe.*

*Liebe ruft die verborgene Schönheit im anderen wach.
Liebe sieht, was im Herzen des anderen geschrieben steht
und liest dies mit Ehrfurcht.
Wer die Liebe lebt, respektiert nicht nur den anderen, sondern auch sich selbst.*

*Liebe wagt es, verletzlich zu sein, und gibt unbekümmert,
ob nun etwas zurückkommt oder nicht.
Liebe hofft und weiß, sie weiß von der neuen Welt, die kommen wird.
Liebe sucht immer wieder den Weg ins Herz des anderen.*

*Liebe, das erste und das letzte, das höchste und das tiefste
Wort.
Lebe dann die Liebe, gehe den Weg der Liebe, sei Liebe.*

Anmerkungen

1. Margarete van den Brink und Hans Stolp, Zeitenwandel – Der große Umbruch, Grafing 2007.
2. Weitere Informationen über das Zeitalter Michaels und den Unterschied zum Zeitalter Gabriels finden Sie in meinem Buch „Mit Engeln leben", Grafing 2003.
3. Weitere Informationen über die besondere Zeit, in der wir leben und den besonderen Einfluss von Michael auf unsere Zeit finden Sie in dem Buch, das ich gemeinsam mit Margarete van den Brink geschrieben habe: Margarete van den Brink und Hans Stolp, Zeitenwandel – Der große Umbruch, Grafing 2007.
4. „Aan synagoge, kerk en moskee voorbij, van religie naar menswording" („Jenseits von Religion, Kirche und Moschee – Von der Religion zur Menschwerdung"), Ankh-Hermes, Deventer 2006.
5. 1. Mose 2, 21-25.
6. 1. Mose 9, 18-28 und 1. Mose 10.
7. 1. Mose 11.
8. Weitere Informationen über die Freiheit und die Wahlmöglichkeiten, die diese uns beschert, finden Sie im Buch von Margarete van den Brink, „De weg naar vrijheid" („Der Weg zur Freiheit"), Ten Have, Kampen 2006.
9. Galater 6, 2.
10. Matthäus 18, 20.
11. Die Bezeichnungen für diese beiden geistigen Körper oder Hüllen entlehne ich Rudolf Steiner, der diese so benannt hat. Natürlich sind diese Körper in der ganzen esoterischen Tradition bekannt. Sie werden darin freilich verschieden benannt. Die Bezeichnung von Rudolf Steiner kommt der Beschreibung am nächsten, die Paulus in der Bibel vom Aufbau eines Menschen gibt. Daher benutze ich gern diese Bezeichnung. Paulus spricht im 1. Brief an die Thessaloniker 5, 23

über einen Körper (der laut Steiner „physischer Leib" und „Ätherleib" genannt wird), eine Seele (oder einen Astralkörper) und einen Geist (oder unser Höheres Selbst). Um es ganz deutlich auszudrücken: Im obigen Text sage ich zwar, dass der ätherische Leib und der Astralleib unseren physischen Körper umhüllen, doch im Grunde durchdringen sie unseren physischen Körper und schauen aus diesem heraus.

12. In aller Deutlichkeit: Ich spreche hier bildlich. In der geistigen Welt gibt es weder Raum noch Zeit, und folglich sind räumliche Bilder auch nicht korrekt. Ich benutze dieses Bild jedoch, weil diese irdische Bildersprache ein wenig verständlich macht, wie dieses Mysterium der geistigen Verbindungen zwischen Menschen und Engeln funktioniert.

13. Siehe auch den „Brief an die Epheser" 5, 26.

14. Margarete van den Brink, „Spirituele ontwikkeling van mens en organisatie in zeven fasen" („Spirituelle Entwicklung von Mensch und Organisation in sieben Phasen"), Ankh-Hermes, Deventer 2002.

15. Siehe beispielsweise Dr. Ernst Aeppli, „Dromen en hun uitlegging" („Träume und ihre Auslegung"), H.J. Paris, Amsterdam 1950, Seite 295: „Das Traumpferd stellt die beherrschte und gelenkte Triebkraft des Menschen dar, die bereit ist, den Menschen zu seinen gewünschten natürlichen Zielen zu führen."

16. Siehe auch mein Buch „Die heilende Kraft des Verzeihens", Grafing 2005.

17. Matthäus 19, 6.

18. Matthäus 19, 10.

19. „Omgaan met gestorvenen", Margarete van den Brink und Hans Stolp, Ankh-Hermes, Deventer 2000. Das Buch wurde inzwischen auch in deutscher und englischer Sprache veröffentlicht. Der deutsche Titel lautet: „Begegnungen im Lichtreich – Der Umgang mit Verstorbenen", der englische Titel lautet: „A Christian Book of The Dead".

20. Konkrete Beispiele finden Sie bei Margarete van den Brink „Opengaande vergezichten. Als oudere mensen sterven gaan", („Horizonte öffnen sich – wenn ältere Menschen sterben"), Ankh-Hermes, Deventer 2007.

21. Siehe beispielsweise das Buch „Die Engel sind zur Stelle", Grafing 2007 oder das Buch „Mit Engeln leben", Grafing 2003, „Het Engelenboek" („Das Engelbuch"), Ten Have, Kampen 2003 und „Wat Engelen ons doen" („Was die Engel uns schenken"), Ten Have, Kampen 2000.

22. Der zweite Kongress wurde 2007 ebenfalls in Hamburg abgehalten, der dritte fand 2008 in Freiburg statt. Aufgrund des großen Erfolges werden nun auch in anderen Ländern der Welt an verschiedenen Orten Engel-Kongresse organisiert.

23. Es sind unser Astralkörper und unser „Ich", die nachts aus dem Körper austreten. Unser physischer Körper und unser Ätherleib bleiben liegen. Unser Gedächtnis gehört zu unserem Ätherleib und bleibt daher zurück, wenn wir nachts aus dem Körper austreten.

24. Diese Geschenke für die Engel werden „geistige Nahrung von/für die Engel" genannt, weil sie davon leben und dadurch wachsen.

25. Hans Stolp, „Mit Engeln leben", Grafing 2003.

26. Weitere Informationen über diesen Abstieg und eine Beschreibung des ganz besonderen Geheimnisses von Jesus, der zum Christus wird, finden Sie in meinem Buch „Jezus mijn broeder" („Jesus – mein Bruder"), Ankh-Hermes, Deventer 2006.

27. Eine Beschreibung des Geheimnisses unserer Zeit finden Sie in dem Buch, „Zeitenwandel – Der große Umbruch", Grafing 2007

28. ebd.

Hans Stolp

Hans Stolp
Die erlösende Kraft des Verzeihens
Durch aufrichtiges Vergeben alte Bande
auflösen und wahrhaft frei werden

Geb., 160 Seiten
ISBN 978-3-89427-279-5

In seinem berührenden und aufrüttelnden
Buch weist Hans Stolp Wege, um aus der
Falle des Nicht-Verzeihen-Könnens herauszufinden. Wem es gelingt, sich alte Verlet-
zungen oder Kränkungen wirklich bewusst
zu machen und durch die Liebe zu verwan-
deln, wird eine neue innere Freiheit finden.
Eine Freiheit, die dann eine außerordentliche
Heilkraft entfaltet, um am Ende dieses Prozesses dem Leben einen neuen Menschen zu
schenken.

Hans Stolp/M. v. d. Brink
Zeitenwandel – Der große Umbruch

Pbk., 120 Seiten
ISBN 978-3-89427-353-8

Hans Stolp und Margarete van den Brink sind
überzeugt, dass die riesigen Schwierigkeiten
und Probleme, mit den die Menschheit gegenwärtig konfrontiert ist, die Geburtswehen eines
neuen Zeitalters sind. Alles Alte, das sich den
neuen Geisteskräften entgegenstellt, wird überwunden und ins LICHT verwandelt. Dieser
Prozess vollzieht sich nicht ohne Widerstände
– aber er vollzieht sich unaufhaltsam!
Ein Zeichen der Hoffnung für eine planeta-
rische Transformation und eine Inspiration, mit
Mut die anstehenden Aufgaben der Verwandlung in Angriff zu nehmen!

Hans Stolp
Der Weg ins Jenseits
Pbk., 140 Seiten,
ISBN 978-3-89427-257-9

Hans Stolp schildert die Situation des Abschiednehmens mit großer Einfühlsamkeit und beschreibt die verschiedenen Phasen der Trauerarbeit. Mit Blick auf jene Menschen, die sich auf dem „Weg ins Jenseits" befinden, erklärt er den Trauernden, wie sie eine innere Verbindung zu ihren Lieben auf der „anderen Seite" aufbauen können. So kann es gelingen, mit den Weitergegangenen in Verbindung zu bleiben, bis einst eine Wiedervereinigung stattfinden wird. Ein wundervolles Trostbuch und ein hilfreicher Begleiter in Sterbesituationen!

Hans Stolp/Margarete v.d. Brink
Begegnungen im Lichtreich
Der Umgang mit Verstorbenen
Pbk., 180 Seiten,
ISBN 978-3-89427-186-2

In diesem Buch gehen die Autoren in überaus feinfühliger Weise darauf ein, welche Verbindung noch immer zwischen jenen besteht, die einstmals auf Erden in Liebe verbunden waren. Sie zeigen auf, dass ein Band der Liebe die Grundlage bietet, um auch mit den Verstorbenen in einer geistigen Verbindung zu bleiben. Nichts kann für ewig getrennt werden, was eine höhere Macht einst in Liebe verbunden hat! Ein Buch, das Himmelstüren öffnet und die Botschaft von der Unsterblichkeit des Lebens verkündet!